AF609908

DE LA MONARCHIE

AVEC LES PHILOSOPHES,

LES RÉVOLUTIONNAIRES

ET LES JACOBINS.

DE LA MONARCHIE

AVEC LES PHILOSOPHES, LES RÉVOLUTIONNAIRES ET LES JACOBINS,

Par J. A. P. de Lyon.

> Si les ames honnêtes ne peuvent pas se confédérer contre les hommes faux et pervers, qu'elles se liguent du moins en faveur des gens de bien.
>
> BARTHELEMY, *Voyage d'Anacharsis.*

A LYON,

De l'Imprimerie de L. CUTTY, place LOUIS-LE-GRAND, Façade du Rhône, N.° 8.

1817.

DE LA MONARCHIE

AVEC LES PHILOSOPHES,

LES RÉVOLUTIONNAIRES ET LES JACOBINS.

IL était sans doute inspiré par un esprit prophétique, cet illustre Écrivain qui met dans la bouche de Socrate les paroles suivantes : « Songez, Athéniens, quelle ardeur » s'emparerait de vous, si tout-à-coup on » vous annonçait que l'ennemi prend les » armes, qu'il est sur vos frontières, qu'il » est à vos portes. Ce n'est pas là qu'il se » trouve aujourd'hui ; il est au milieu de vous, » dans le Sénat, dans les assemblées de la » Nation, dans les Tribunaux, dans vos mai- » sons. Ses progrès sont si rapides, qu'à » moins que les Dieux ou les gens de bien » n'arrêtent ses entreprises, il faudra bientôt » renoncer à tout espoir de réforme et de » salut. » N'est-ce pas là, je le demande, le discours que la France aujourd'hui pourrait adresser à ses enfans légitimes, à ces hommes qui veillent encore à sa gloire, à sa défense et à sa conservation? Quand, assise tristement sur les ruines encore fumantes de son antique splendeur, elle voit les vices licencieux et l'immoralité faire la guerre aux vertus; quand, relevée par un Monarque sage, magnanime et pieux, par un Prince sans cesse occupé à faire disparaître les traces honteuses des fers injurieux dont elle fut ignominieusement chargée, elle aperçoit la philosophie et l'impiété forger sourdement des chaînes plus pesantes que celles dont elle a été délivrée; quand, à peine débarrassée des haillons fangeux et sanglans qui la couvrirent si long-temps, elle craint chaque jour de se voir dépouillée du manteau royal et du diadême qui ceint son front; quand enfin, réfugiée près du trône sur lequel elle s'appuie, elle voit ce même trône reposer sur un volcan mal éteint; gens de bien, c'est à vous, oui, c'est à vous qu'elle crie d'une voix forte : « Enfans, ralliez-vous sous mes étendards; formez de » pieuses ligues, une sainte croisade; poursuivez par une haine vigoureuse la licence » qui détruit les mœurs; laissez tomber votre » indignation sur l'impiété; défendez la vertu » que l'immoralité menace; protégez la religion contre les attaques de la philosophie,

» et le trône des BOURBONS s'affermira, et les » méchans qui conspirent ma ruine seront » confondus, et je serai sauvée. »

La patrie, en effet, n'est pas encore hors de tout danger; elle a encore des projets à déjouer, des attaques à prévenir, des ennemis à surveiller, des rebelles à comprimer. Les impies, les jacobins, les propagateurs d'idées libérales, les philosophes de toutes les sectes, de toutes les couleurs s'agitent dans tous les sens. Ils ont formé un pacte sacrilége; ils font une guerre sourde aux principes de la morale et de la religion, guerre d'autant plus dangereuse que les lois ne peuvent les atteindre; ils combattent à rangs serrés, et se servent de toutes armes. Déjà même ils se promettent une victoire certaine. Les gens de bien, déconcertés, mal unis, mal appuyés, cèdent le terrein, et la France inquiète pourrait avoir lieu de craindre que les fils de Saint LOUIS ne soient encore les victimes des manœuvres perfides des philosophes et des révolutionnaires. Semblables aux Hébreux, lorsqu'ils reconstruisaient le temple, les gens de bien doivent d'une main tenir l'épée, et de l'autre la plume pour défendre l'autel, le trône et la patrie.

Écrivain sans autre mission que mon amour pour la religion de mes pères, mon attachement sans bornes au Prince que la Providence nous a rendu, mon entier dévoûment à la pieuse famille des BOURBONS, je n'ai point la sotte présomption de vouloir donner des conseils au Monarque trop éclairé pour en avoir besoin, ni l'orgueil insensé de fronder les actes du Gouvernement. Si la conduite des Ministres que Sa Majesté a honorés de sa confiance, ne répondait pas à l'attente de la patrie, le Roi saurait sans doute leur retirer un pouvoir qu'il ne leur a donné que pour faire le bonheur de ses sujets. Je montrerai seulement que les philosophes et les révolutionnaires ont détruit la monarchie ; qu'ils en sont les mortels ennemis, qu'ils sont nombreux, qu'ils s'agitent encore, et renverseront le trône, si l'on ne s'y oppose sérieusement. Je veux exciter les gens de bien à se liguer contre cette espèce d'hommes, et à dissiper, par leur attitude ferme et intrépide, les périls dont ils menacent la patrie.

Il importe plus qu'on ne pense d'éclairer les ames honnêtes. Si les philosophes, si les partisans de l'immoralité parviennent à se rendre maîtres de l'opinion publique, tout est perdu, et nous verrons tôt ou tard se renouveler les désastres auxquels nous n'avons échappé que par un miracle de la Providence. Si, au contraire, ils ont contr'eux cette même opinion, ils seront forcés de se tenir dans l'ombre et le silence. Servons-nous donc, à cet effet, des armes qui contribuèrent d'une manière si puissante à propager leurs maximes pernicieuses et empoisonnées; écrivons, dévoilons leurs turpitudes, leurs desseins, leur conduite; livrons les à l'opprobre; faisons les connaître tels qu'ils sont. Que les disciples et les adèptes de ceux qui travaillaient avec tant d'ardeur pour écraser l'*infâme*, soient eux-mêmes écrasés aujourd'hui sous le poids du mépris public et de l'indignation des gens de bien. Les philosophes et les impies ne seront plus dangereux, quand ils cesseront d'être honorés; les apôtres de l'immoralité ne seront plus à craindre, quand, au lieu de s'attirer la considération, ils n'obtiendront que l'infamie, l'opprobre et la honte; les révolutionnaires ne seront plus redoutables, quand on les condamnera à demeurer dans l'obscurité, loin des charges et des emplois.

La philosophie du dix-huitième siècle, et les disciples de cette sècte impie ont produit la révolution et tous les crimes qui l'ont accompagnée. Les philosophes, les jacobins, les propagateurs d'idées libérales sont et seront toujours les ennemis de la monarchie; ils dirigent sourdement leurs attaques contre l'autel et le trône; il faut donc, si l'on veut affermir l'un et l'autre, enchaîner ces hommes turbulens, et rendre leurs tentatives inutiles. Moyens pour parvenir à ce but; voilà le plan de cet opuscule; et c'est à vous, amis sincères et fidèles de la monarchie, Français à qui sont encore chères les sages institutions de nos aïeux qui, quoiqu'en disent les amis des institutions prétendues libérales, valaient bien les philosophes d'aujourd'hui, vous qui n'avez pas embrassé la cause des BOURBONS pour avoir des charges, des honneurs et des gratifications, c'est à vous que je l'adresse.

Si la Providence nous avait donné un Roi moins sage, et des Princes moins religieux, je désespérerais du salut de la France. L'athéisme, l'irréligion et l'immoralité ont fait des progrès si alarmans que, si le Ciel ne protégeait visiblement la famille de Saint LOUIS, et ne promettait d'épargner le peuple en faveur du Monarque, et de la postérité d'HENRI IV, je prédirais hardiment la dissolution prochaine de la société, et la ruine entière de l'État. Comment, en effet, ont disparu les empires les plus célèbres de l'antiquité? Quelles sont les causes qui en ont amené et précipité la chute épouvantable? Méditons et tremblons. Devons-nous espérer un meilleur sort? Les mêmes causes, dans tout les temps, doivent produire les mêmes effets. Un peuple sans mœurs est un peuple perdu.

Et qu'on ne s'imagine pas que je fasse ici un tableau rembruni par les caprices d'une humeur atrabilaire et sauvage; il n'est malheureusement que trop vrai que l'esprit philosophique règne partout; il n'est que trop constant que l'immoralité n'a plus de frein, et que la vertu n'est plus qu'un vain nom que la foule méprise. En vain on chercherait parmi les Français d'aujourd'hui le peuple d'Henri IV ou de Louis-le-Grand : tout est changé. Au milieu des dissensions civiles, et des désordres d'une guerre de religion, la nation Française avait, malgré le tumulte des armes, la fureur des partis, et les excès de tout genre, conservé ces mœurs antiques qui la distinguaient; elle avait gardé un respect sacré pour l'autel et le trône. L'esprit de rebellion n'avait pas corrompu la masse du peuple. Il en fut de même sous LOUIS XIV. La ligue et la fronde ne ressemblent pas plus à notre révolution qu'un ciron à un éléphant. La ligue, à la vérité, enfanta de grands crimes, de grands désastres ; mais en égarant les esprits et les opinions, elle ne corrompit pas la morale. Les Princes ambitieux de la maison de Guise étaient d'autres hommes que les *Mirabeau*, les *Talleyrand*, les *Robespierre*, les *Barras*, les *Bonaparte*, les *Carnot*, *etc....* La fronde ne fut qu'une guerre puérile et ridicule de quelques mécontens contre le ministère. Jamais, dans ces divisions, on ne songea à renverser la monarchie, à anéantir la morale. Aussi ces troubles furent-ils bientôt apaisés. Le peuple reprit facilement ses anciennes habitudes, et la France se releva plus forte et plus puissante.

La révolution qui s'est opérée à la fin du dix-huitième siècle a produit des effets bien autrementrent funestes.

Les philosophes modernes, les athées, les francs-maçons, les philantropes, les illuminés, les impies de toutes les sectes, avaient travaillé avec un zèle infatigable, avec une constance à l'épreuve, au grand œuvre de la régénération. Ils avaient prêché, avec un succès au-dessus de leur espérance, cette doctrine sublime qui devait former des hommes nouveaux, perfectionner les institutions humaines, et changer la face du monde. Apôtres généreux et dévoués au public, ils étaient destinés à venger la raison, à détruire les préjugés, à réformer les abus, à défendre la liberté ; ils devaient enfin faire renaître l'âge d'or. Leurs écrits nombreux, sophistiques et remplis d'un poison subtil, habilement délayé dans des raisonnemens captieux et séduisans, attaquèrent tour-à-tour la divinité, la puissance des rois, l'empire sacré de la religion, la pureté des mœurs ; et semèrent dès-lors les germes funestes et malheureusement trop féconds de de cette corruption scandaleuse qui, de nos jours, a fait tant de ravages, et laquelle aujoud'hui est parvenue à un point tel qu'elle menace de franchir les barrières qu'on voudra lui opposer.

Il n'était pas difficile à ces prétendus philosophes de se faire de nombreux et d'ardens prosélytes. Ils dégageaient l'homme de tous ses devoirs, ils flattaient son orgueil, sa cupidité, son ambition ; ils le livraient entièrement à l'empire de ses passions. Ils ne pouvaient manquer de plaire à la multitude turbulente avide de changemens, et toujours disposées à secouer le joug de l'obéissance et de la soumission. Ils formèrent des disciples et des adeptes dans toutes les classes et dans tous les rangs de la société. La noblesse, le clergé, le peuple eut ses philosophes. On vit s'étendre comme un incendie les principes immoraux et anti-monarchiques des *d'Alembert*, des *Diderot*, des *Helvétius*, des *Voltaire*, des *Rousseau*, et autres semblables. Depuis le ministre, le comte et le prélat, jusqu'au commis, au bourgeois, à l'artissan, au pâtre et au laboureur, ou trouva des esprits forts qui se faisaient gloire de traiter de fables ridicules tout ce qu'on avait régardé jusques là comme des vérités incontestables. Ces nouveaux initiés, enthousiastes fougueux, s'érigèrent eux-mêmes en apôtres. A défaut de bonnes raisons pour persuader, ils employèrent, avec avantage l'arme puissante de la raillerie, du sarcasme et de la calomnie. Les hommes instruits, comme les ignorans, suivirent bientôt une doctrine qui flattait tous les vices, et qui les rendait maîtres de satisfaire tous les caprices de leurs penchans corrompus.

Il se fit en peu de temps dans les mœurs un changement déplorable. Les salutaires frayeurs de la religion n'eurent plus de pouvoir. La morale sainte du Christianisme ne fut plus regardée que comme une chimère inventée par des prêtres imposteurs, despotes et tyrans éternels des consciences, qui prêchaient eux-mêmes ce qu'ils ne pratiquaient pas. De-là, ce débordement de vices impurs, de turpitudes, de débauches, qui furent comme les précurseurs de toutes les horreurs, et de tous les forfaits qu'allait enfanter le monstre, fils de cette philosophie, je veux dire la révolution.

Je ne parlerai point ici des causes accidentelles qui précipitèrent, peut-être, l'époque fatale où devait commencer le règne de la raison, tant promis et désiré par les philosophes ; ce n'est pas mon projet. Il me suffit de faire voir que la révolution doit principalement son origine à la philosophie ; que les philosophes l'ont commencée, qu'ils ont été les artisans de tous les crimes, de tous les excès qui l'ont accompagnée ; que cette secte impie et anti-sociale est encore aujourd'hui dans toute sa vigueur, que ces hommes inquiets et dangereux dirigent sourdement leurs attaques et contre la religion et contre la monarchie. En effet, ils suivent les mêmes principes, ils ont la même dissimulation et la même hypocrisie. Qu'on ne s'y trompe pas; si, dans tous les temps, on doit juger de l'avenir par le passé, on s'apercevra facilement qu'ils suivent un plan formé qui doit tôt ou tard les conduire au but qu'ils se proposent, c'est-à-dire à la destruction entière de la religion, et au renversement de la monarchie légitime.

Les besoins de l'État, dont les finances avaient été absorbées par la guerre impolitique de l'Amérique, et peut-être plus encore par les dépradations des agens infidèles du Gouvernement, furent le motif de la convocation des États-Généraux, en 1789. Ce fut alors que les philosophes commencèrent d'exécuter leurs vastes projets. Le peuple, poussé par les prétendus philantropes ou amis de l'humanité, débuta par brûler les châteaux, piller les maisons des riches, insulter, poursuivre, égorger les hommes revêtus de l'autorité.

Les trois ordres de l'État avaient cependant envoyé des députés pour former cette assemblée, qui prit dès-lors le nom de *Constituante*, et laquelle dès ses premières séances, annonça l'orgueil de ses prétentions. Les amis de la France et de la royauté prévirent le danger ; ils essayèrent de le conjurer, mais il n'était plus temps. On sait quelle fut la réponse du fameux *Mirabeau*, quand le Roi fit donner à cette assemblée l'ordre de se dissoudre. Je ne prétends pas néanmoins confondre indistinctement tous les membres qui la composaient ; il y avait certainement des hommes de bien, sincèrement attachés aux intérêts de la religion, du monarque et de la patrie, mais ces hommes ne pouvaient arrêter le torrent, et quelques-uns d'entr'eux, avec des intentions pures, ne laissaient pas cependant d'approuver des innovations dangereuses ; tant la philosophie, en se montrant sous des dehors séduisans et trompeurs, avait affaibli les bons principes.

Tandis que les députés des trois Ordres donnaient une nouvelle constitution à la France, la capitale et les provinces étaient le théâtre de scènes sanglantes qui se succédaient rapidement. Partout on attaquait ouvertement le pouvoir, on conspuait les Ministres de la religion, on massacrait les gens de bien. Je passe sous silence ces journées affreuses où le Roi et la Famille royale, tremblant pour leurs jours, virent périr et tomber sous les coups d'une populace féroce, les appuis et les plus fidèles serviteurs de la couronne. Je ne retracerai pas toutes les horreurs que fit commettre *Philippe d'Orléans*, grand-maître des loges maçonniques ; il suffit de savoir que tous ces crimes, tous ces massacres, toutes ces spoliations, étaient le fruit des maximes philosophiques; que tous ces mouvemens furent dirigés et exécutés par des impies et des philosophes.

En effet, que faisaient alors les *Lameth*, les *Barnave*, les *Péthion?* Que faisait *Lafayette*, ce héros de l'Amérique? .... Ces graves Magistrats voyaient tranquillement l'incendie dévorer l'édifice de la monarchie, et ils ne faisaient rien pour l'éteindre. Que dis-je ? la révolution marchait trop lentement à leur gré, et les sectateurs de la raison et de la liberté hâtaient de tout leur pouvoir les progrès des lumières au milieu des ruines et des cadavres !

Les immortels restaurateurs des droits de l'homme avaient enfin donné à la France une constitution, dans laquelle on avait encore conservé au Monarque un fantôme de pouvoir. La philosophie n'avait pu triompher entièrement du respect des sujets envers le prince, respect consacré par plusieurs siècles de gloire. Mais le temps était venu où des hommes vils et déhontés allaient briser, sans pudeur, le tabernacle du Très-Haut, et le trône des rois, et régner enfin sur les débris fumans de la religion et de la monarchie.

L'assemblée *Constituante* fit place à l'assemblée *Législative*. C'est dans cette dernière que se formaient les *Robespierre*, les *Danton*, les *Barrère*, les *Carrier*, les *Couthon*, les *Marat* et une multitude d'autres monstres semblables, rebuts impurs de la société, et dignes apôtres de la philosophie.

Un grand nombre d'individus de la noblesse et du clergé avaient fui, pour se dérober à la mort, le sol ensanglaté de leur patrie, et attendaient dans un exil douloureux, la fin de l'orage, pour revoir leurs foyers. Les autres, dépouillés de leurs titres et de leurs biens, déploraient, dans des retraites obscures, les maux qui menaçaient la France. Le Roi, à qui chaque jour on faisait de nouveaux affronts, ce Prince vertueux que l'on abreuvait d'outrages, ce Monarque entouré d'assassins et de sicaires, se détermina enfin à rompre ses chaînes, et à chercher sa liberté sur un sol étranger. Le ciel, qui voulait châtier un peuple impie, séditieux et rebelle, permit que l'infortuné LOUIS fut arrêté, et reconduit à Paris. Dès ce moment, la philosophie remporta une victoire complète, victoire horrible, victoire qui doit épouvanter à jamais les générations futures !

Les Législateurs du peuple Français déclarent le Monarque coupable du crime de lèse-nation, abolissent la royauté, érigent la France en république, plongent la famille royale en prison, et ordonnent le jugement du Roi. On vit alors ce procès affreux, inouï, où des sujets séditieux devinrent accusateurs et juges de leur souverain, d'un souverain bon, généreux, magnanime, religieux. On vit ces mêmes sujets condamner, au nom des lois, le petit-fils de Saint LOUIS, d'HENRI IV, et de LOUIS-LE-GRAND, et le faire traîner au gibet comme un vil scélérat. Français, vous ne devez jamais oublier que ce crime exécrable fut l'œuvre de la philosophie. . . . .

L'assemblée législative prit alors le nom de *Convention*, nom qui rappelle au souvenir l'idée de tous les forfaits, de tous les attentats, de toutes les horreurs, de toute la perversité, de toute la barbarie dont puissent

être

être capables les brigands les plus féroces, les assassins les plus cruels; souvenir qui flétrit l'ame, glace le cœur d'effroi, et consterne l'homme sensible.

La Reine, fille des Césars, la sœur du Roi, la vertueuse Elisabeth, tombèrent bientôt sous la hache fatale, après avoir souffert toutes sortes d'outrages. Un fils innocent, paré des grâces de sa mère, et qui annonçait déjà qu'il ne démentirait pas le noble sang des BOURBONS, était descendu dans la tombe. Une Princesse auguste n'avait échappé au glaive meurtrier qu'en rachetant de sa personne quelques infâmes que la Providence avait livrés au pouvoir de l'Empereur d'Allemagne. Des milliers de victimes avaient suivi ces illustres martyrs. Les bourreaux ne pouvaient suffire, et la France n'était plus qu'un vaste champ de carnage. *Je voudrais*, disait Voltaire, *mourir sur un tas de bigots immolés à mes pieds.* Oh! que n'a-t-il vécu quelques années de plus, ce patriarche des philosophes! il aurait vu ses souhaits accomplis; mais son ombre criminelle aura pu se consoler de ce malheur, en apprenant que ses disciples, aussi zélés que lui, recueillaient le fruit des maximes qu'il avait si ardemment prêchées.

Avant cette époque de fatale mémoire, où tous les liens de la société furent brisés, les impies, les hommes sans principes, sans mœurs, étaient flétris dans l'opinion publique qui en faisait justice ; on les regardait comme des monstres. On savait que celui qui ne sait pas rendre à Dieu ce qui est à Dieu, ne rendra pas à César ce qui est à César. Le Prince et le peuple se seraient bien gardés de chercher, parmi les athées et les ennemis de la morale, des magistrats et des capitaines. Il appartenait à la philosophie moderne d'établir d'autres principes. Elle apprit donc à ne reconnaître ni Dieu ni César. Les apôtres du brigandage, de la dévastation, de l'impiété furent seuls dignes d'être à la tête des affaires publiques et de gouverner les empires. Aussi quels monstres n'avons-nous pas vus sortir de la fange, et, prétendus vengeurs des droits de l'homme et de la liberté, dicter, du sein des orgies crapuleuses où ils passaient leur vie, des lois de sang et de carnage ! Le temps était venu où des hommes auxquels nos bons aïeux n'auraient pas confié le soin de leurs affaires particulières, des hommes qu'un honnête négociant n'aurait pas voulus pour commis, allaient prendre les rênes de l'Etat, et gouverner, en tyrans sanguinaires, une nation qui se disait éclairée des lumières de la philosophie et de la raison.

Le monde a vu avec effroi les suites affreuses d'un bouleversement inoui jusqu'alors. Que pouvait-on espérer de ces êtres abjects, vils et méprisables, qui ne reconnaissaient de Dieu que leur cruelle et insatiable cupidité, de morale, que la satisfaction de leurs passions infâmes et brûtales? Bientôt l'impiété brisa les autels du Très-Haut. Les temples furent abattus, ou convertis en réceptacles indécens. Les prêtres fidèles furent mis en fuite, proscrits ou massacrés. Les furieux rugissaient de ne pouvoir atteindre ce Dieu qu'ils détrônaient sur la terre. Alors, alors on vit mettre en pratique la maxime horrible que l'infâme *Diderot* répetait souvent : *Qu'il fallait que le dernier des rois fut étranglé avec le boyau du dernier des prêtres*. On vit préconiser avec éloquence, discuter didactiment, et exécuter de sang-froid, chez un peuple régénéré, l'assasinat, le meurtre, l'incendie, le brigandage, le vol, le sacrilége. Etrange aveuglement! Tous ces crimes étaient ordonnés au nom de la raison, des lois et de la patrie; et les scélérats les commettaient sans remords.

La contagion se répandit en tous lieux. Les campagnes où l'innocence et la vertu semblaient s'être réfugiées, imitèrent la corruption des villes. La morale fut bannie du hameau, et tous les vices vinrent s'établir sous le chaume ainsi que dans les palais. Tant il est vrai que là où il n'y a plus de croyance religieuse, il n'y a plus de morale, et par conséquent plus de vertus. Ainsi, grâce aux efforts de la philosophie, on vit anéantir, dans le court espace de trois ans, les sages institutions de plus de douze siècles. On vit le flambeau de la foi pâlir et s'éteindre un instant devant le flambeau de la raison, et les torches de la discorde.

Laissons dans la poussière [illegible] l'oubli le nom de ces hommes exécrables, condamnés à une honteuse célébrité, de ces monstres qui ont souillé leurs mains sacriléges de sang et de rapines. La France retentit encore des cris de mort qu'ils hurlaient, dans leurs accès de fureur; elle retentit encore des gémissemens lugubres de leurs innombrables victimes; périsse à jamais leur mémoire! Mais n'oublions pas que ces bourreaux inhumains furent formés par la philosophie, et que les révolutionnaires d'aujourd'hui suivent les mêmes principes et marchent au même but. Gens de bien, vous les verrez exécuter leurs projets, si vous ne vous réveillez de votre assoupissement.

Les antropophages qui dévastaient l'héritage de S.t Louis, quoique ligués pour consommer leurs desseins incendiaires, étaient cependant divisés par l'ambition; et cette providence qu'ils affectaient de nier et de méconnaître, se manifestait à leur égard d'une manière terrible. Les défenseurs des droits de l'homme, les régénérateurs de la France, les prédicateurs d'idées libérales, ne versèrent pas seulement le sang de l'innocence et de la vertu; ils s'envoyèrent réciproquement à l'échafaud, et le parti qui triomphait aujourd'hui, succombait demain. C'était par le meurtre et des exécutions sanglantes qu'ils se procuraient la victoire, c'était par le crime et l'assasinat qu'elle leur était ravie. Ce ne fut en effet pendant longtemps qu'une horde de brigands homicides qui, unis pour immoler les gens de bien, se massacraient ensuite froidement, quand il fallait partager les dépouilles de leurs victimes. Ainsi, depuis l'assemblée constituante jusqu'au consulat, on vit les factions se succdéer rapidement, et l'on s'accoutuma à voir éclater à chaque instant de nouvelles et sanglantes révolutions.

Cependant se formait dans le tumulte des camps un homme qui devait recueillir le fruit des veilles, des travaux, des combats meurtriers des pères de la révolution. Un étranger obscur, qui, à la dissimulation, à l'hypocrisie, à la duplicité, joignait un naturel altier, féroce, ambitieux, sanguinaire, parut tout-à-coup sur la scène politique. Jusque-là il avait rampé sous tous les partis et les avait caressés tour-à-tour. Patriote en 1789, jacobin sans-culotte en 1793, défenseur de la convention en Vendémiaire 1794, philosophe républicain à Paris, sectateur de Mahomet au Grand-Caire, *Bonaparte*, de simple Officier devenu Général, se montra au moment où le directoire et les conseils se disputaient la souveraineté. Chacun s'empressa aussitôt de l'attirer dans son parti, ne doutant pas qu'il ne fît pencher la victoire du côté de celui qu'il embrasserait. Ce fut dans ces dispositions que ce lâche transfuge de l'armée qu'il avait abandonnée dans les sables brûlans de la Syrie, trouva les chefs d'une république sans Dieu et sans autels. La circonstance était favorable; son ambition ne manqua pas de la mettre à profit. Il sut ménager adroitement tous les partis, les trompa habilement, les renversa tout-à-coup, et, sur leur ruine, établit le fondement d'une puissance qui devait faire trembler le monde. Cette fois la politique profonde et astucieuse de *Syeyes* fut en défaut; le pauvre abbé fut la dupe du corse, et le père de tant de révolutions, de tant de constitutions libérales, se vit honteusement contraint d'aller, avec ses enfans avortons ou mort-nés, s'ensevelir dans l'obscurité. Le républicain *Barras* éprouva que, dans un protégé, on trouve quelquefois un dangereux concurrent, et que la reconnaissance n'était pas la vertu des disciples du père *Duchêne* et de *Fréron*. *Carnot*, le jacobin *Carnot* eut beau crier à la violation des principes, il fallut céder. Les citoyens directeurs se consolèrent de cette disgrâce dans la tranquille possession des immenses richesses qu'ils avaient eu grand soin d'amasser. Ils emportèrent à la vérité le mépris qui accompagne la médiocrité basse et méchante ; mais qu'importe? Les philosophes ne sont pas si délicats sur le point d'honneur, ils laissent ces préjugés au vulgaire.

Ici va commencer un nouvel ordre de choses. La philosophie va prendre une autre marche, mais elle tendra toujours au même but, et produira les mêmes effets.

Bonaparte, revêtu de la toge consulaire, avait placé sa chaise curule sur les débris de vingt factions. Plus adroit que ses prédécesseurs, il sut se rendre chef d'un nouveau parti qui, grossi de tous les autres, n'eût pas à craindre de nouvelles révolutions. Le dictateur, fort de l'appui de tous les factieux, envahit toute l'autorité, et marcha à grands pas à ce degré de pouvoir qui a pesé si long-temps sur notre malheureuse patrie. Il affecta d'abord une grande modération. La France crut même un instant avoir trouvé un libérateur. Il n'y eut que les hommes sensés et clairvoyans qui aperçurent l'hypocrisie, et démêlèrent, à travers le masque dont il se couvrait, la fourberie de son naturel, la bassesse de son ame, la férocité de son caractère, la perversité de son cœur, la noirceur de ses intentions, et l'extravagance de ses desseins. L'illusion néanmoins aveugla la multitude, et c'était tout ce qu'il demandait.

Il serait inutile d'énumérer ici tous les moyens perfides et odieux dont se servit cet homme astucieux pour égarer l'esprit public. Je me contenterai de faire voir que ce chef impie des philosophes, des athées et des révolutionnaires acheva de corrompre le peu de moralité qui, dans le naufrage général, s'était encore conservée dans certaines classes de la société.

La victoire de Marengo permettait à *Bonaparte* d'exécuter ses projets ambitieux. Il dépouille la toge consulaire, et revêt insolemment le manteau impérial. Rien ne pouvait s'opposer à cette entreprise. Les premiers de l'État, hommes vils et corrompus, s'honoraient d'avoir un tel maître; un maître qui les ressemblât, et sous lequel ils pourraient conserver le fruit de leurs rapines; le peuple égaré ne voyait en lui qu'un héros. Le fourbe parvint à donner à son usurpation une apparence de légitimité, par l'appareil imposant d'une religion qu'il méprisait. Le chef de l'Église, indignement trompé, sanctionna cet acte d'iniquité, en sacrant cet aventurier audacieux. Bientôt l'Europe ensanglantée par son ambition, épouvantée de ses victoires, fléchit sous ses aigles terribles, et les Potentats vaincus ou effrayés furent contraints de le reconnaître.

Le sceptre de Saint LOUIS avait passé dans les mains impies d'un soldat. Le front obscur d'un étranger, qui avait arboré tour-à-tour le bonnet rouge et le turban, était chargé d'un double diadême. Le continent tremblait sous son joug de fer. Il était entouré de tous ces hommes que la révolution avait tirés de la boue ; de tous ces philosophes populaires, apôtres zélés de la licence et de l'irréligion. Ces fiers et farouches républicains avaient courbé, sans murmurer, leurs fronts superbes et indépendans sous le joug humiliant d'un despote, et changé le hideux costume de sans-culottes contre des crachats, des cordons, des croix, et des décorations somptueuses. Ces défenseurs ardens et désintéressés des droits de l'homme et de l'égalité, ces ennemis mortels des titres, des distinctions, des richesses, des dignités, étaient devenus tout-à-coup princes, comtes, barons; et les dépouilles des gens de bien formaient le patrimoine de ces nouveaux parvenus tout étonnés et comme étourdis de leur nouvelle condition.

Le *Cromwel* des Français sentit bien que, pour affermir sa domination et s'environner d'un éclat plus solide et d'une considération de quelque poids, il fallait s'associer d'autres gens que ce vil ramas d'hommes méprisables et flétris. Il n'ignorait pas que les jacobins, qu'il s'était attachés par l'appât des richesses et des honneurs, supporteraient difficilement la dépendance où il voulait les tenir ; il craignait à juste raison leurs conspirations et leurs poignards. Il chercha donc à gagner le mérite et les talens. La philosophie qui, comme je l'ai montré, s'était glissée dans tous les rangs, lui fournit bientôt de nouvelles créatures, de nouveaux partisans. Plusieurs rejetons de ces nobles et anciennes familles dont les aïeux avaient illustré le nom, ennuyés d'une longue nullité, et séduits d'ailleurs par les prestiges de la gloire qui suit le vainqueur, s'enchaînèrent au char du tyran. Plusieurs magistrats, qui sortaient d'une race célèbre dans nos annales, devinrent les instrumens des caprices d'un despote insolent, les agens de ses volontés, les exécuteurs de ses injustices, les boulevards de sa puissance. Des prélats, faibles, ambitieux, corrompus fléchirent le genou devant l'idole. Des savans, des hommes de lettres distingués servirent, flattèrent, encensèrent celui qui distribuait les faveurs et les pensions. Ainsi l'usurpateur habile sut former cette union monstrueuse : il contenait l'esprit séditieux et turbulent des premiers, en les accablant de biens et de titres ; il s'attachait les seconds en leur prodiguant les emplois, les honneurs et les dignités. Ce fut là l'entier anéantissement de la morale. Il n'y eut plus qu'un petit nombre d'hommes à qui il restait encore quelque pudeur, quelque sentiment de religion, quelques vertus, quelque penchant pour le bien et la justice, quelque attachement aux BOURBONS, qui résistèrent à la séduction, et préférèrent vivre dans l'obscurité et dans l'indigence, plutôt que d'acheter, au prix de l'honneur et de la probité, leur élévation, et des richesses honteuses. *Rari nantes in gurgite vasto.*

Des hommes qui, dans leur carrière politique, s'étaient acquis une juste gloire en défendant avec courage la cause de la vertu et de la justice, s'avilirent en servant la tyrannie. Les *Maury*, les *Lanjuinais*, les *Boissy-d'Anglas* figuraient à côté des *Fouché*, des *Talleyrand*, des *Maret*. Que ne peut, sur des philosophes même, l'ardente soif de l'or et l'appât des grandeurs! On vit ces hommes ramper honteusement sous la verge du despote. Toutes les charges de l'État furent occupées par des athées, par des impies, par des apostats, par des sectateurs d'idées libérales, par des échappés des loges maçoniques, par des illuminés, par des philosophes enfin. Les affaires de l'Église furent réglées par des hommes sans foi, sans mœurs et sans religion. L'instruction publique fut livrée à des prêtres déréglés, ou à des laïques irréligieux et libertins. La magistrature et les tribunaux eurent à leur tête des disciples de *Voltaire* ou des élèves de *Robespierre* ; et toutes les vertus sociales et religieuses disparurent ; et la sordide stupidité, et le vil égoïsme, et l'insatiable ambition, s'emparèrent de toutes les ames ; et tous les vices, et tous les fléaux qui désolent la société levèrent effrontément leur tête audacieuse.

Une jeunesse indisciplinée et sans frein forma une nouvelle génération. Nés sous le régime anarchique, élevés à l'école de la dépravation, suçant avec le lait le poison subtil de toutes les erreurs impies de l'athéïsme et de la philosophie, les jeunes-gens n'envisageaient, dans la carrière qui s'ouvrait devant eux, qu'un moyen de satisfaire leur ambition ; et presque tous, sans talens, sans instruction, sans mœurs et sans vertus, ils n'apportaient, dans les emplois où ils parvenaient d'autant plus facilement que les hommes vertueux en étaient exclus, qu'un orgueil impudent et une audace sans bornes, qui couvraient leur incapacité et la bassesse de leurs sentimens.

Le crime à la vérité devint plus politique ; il se montra sous des formes moins révoltantes que du temps des jacobins et des terroristes ; mais il ne fut ni moins actif, ni moins cruel, ni moins violent ; il fut plus dangereux peut-être, et les suppôts du tyran manquaient d'autant moins leurs victimes, que d'une main ils les caressaient, tandis que de l'autre ils les frappaient du poignard. Les temples ne furent pas fermés ; mais on sapa sourdement les fondemens de la religion : mais la morale évangélique fut avilie, proscrite, méprisée. Nourris des maximes licencieuses de la révolution, imbus de la doctrine des philosophes, les Français n'étaient plus touchés par la voix d'une religion qu'ils avaient appris à regarder comme une rêverie d'un esprit faible, comme un vain épouvantail et un instrument usé dont se servaient les prêtres et les rois pour asservir les peuples. Aussi *Bonaparte* ne trouva-t-il aucune opposition sérieuse à ses entreprises criminelles, ni de la part des premiers corps de l'État, ni de la part de la nation ; tout était corrompu.

L'usurpateur suivit son plan avec persévérance, et marcha de succès en succès. L'immoralité fit des progrès si rapides qu'il en fut étonné lui-même. Ce fut alors que l'on vit cet infâme spoliateur, enivré d'orgueil, enflé par la prospérité et par ses victoires, environné et servi par des hommes aussi méchans, aussi dépravés que lui, se souiller de toutes sortes de crimes atroces, tromper, avilir les honnêtes gens qu'il avait séduits, démoraliser les peuples qu'il avait subjugés, et forcer la religion qu'il profanait scandaleusement à approuver ses meurtres politiques, ses déprédations injustes, ses fureurs insensées. Ce fut alors que l'on vit un prince, l'espoir des amis de la justice et de la monarchie, enlevé contre le droit des gens, et assassiné avec un raffinement de barbarie digne des peuples Africains. Ce fut alors que l'on vit un vénérable vieillard, Pontife sacré de la religion chrétienne, le chef de cette Église qui doit survivre à tous les efforts de l'enfer, chargé de chaînes injurieuses, arraché inhumainement de son siége par les ordres du tyran, courber la sainte majesté de son front dans une humiliante et indigne captivité. Ce fut alors que l'on vit des princes trop confians, dépouillés de leurs États par la plus horrible des perfidies, passer tout-à-coup du trône dans les fers. Ce fut alors que l'on vit ce nouveau

Sardanapale, au milieu d'une cour avilie et corrompue, se livrer à des turpitudes infâmes et scandaleuses, et donner à la France entière l'exemple de la débauche, de l'adultère et de la dépravation la plus effrénée. Ce fut alors que l'on vit les dignes agens de ce flibustier surpasser encore la féroce brutalité de leur maître. Français, voilà les œuvres de la philosophie de nos jours, voilà les exploits des révolutionnaires ; ils existent encore dans toute leur force ; laissez les faire, et je suis un sot, si vous ne voyez se renouveler de pareils excès, de plus affreux encore.

Dans cette confusion épouvantable, tout paraissait désespéré, quand l'Éternel, du souffle de sa bouche, précipita dans la poussière ce colosse d'argile qui, du haut du piédestal où il était debout, menaçait le ciel même, et blasphémait la divinité. La cause de la justice, de la religion et de la morale triompha. Un Prince sage et pieux rentra dans son héritage, et vint s'asseoir sur le trône de ses aïeux. Mais qu'il le trouva changé cet héritage ! Quels ravages affreux y avait faits la tempête ! L'impiété trembla cependant, et, craignant sa ruine prochaine, elle prit des mesures pour la prévenir en dépit du Monarque et des gens de bien.

La

La restauration était consommée. La France, délivrée du tyran qui l'opprimait, retentissait de chants d'allégresse et d'actions de grâces. Le dévastateur de l'Europe était relégué à l'île d'Elbe. LOUIS-LE-DÉSIRÉ avait reçu le serment solennel des guerriers et des magistrats. Les sentimens du peuple s'étaient manifestés avec enthousiasme en faveur des BOURBONS. La tranquillité paraissait inébranlable. La sagesse et la bonté du Roi avaient ménagé tous les intérêts, toutes les passions. Les jacobins, les créatures de l'usurpateur, les nouveaux parvenus avaient conservé leurs titres, leurs rubans, leurs emplois, leurs richesses. A la juste considération que méritaient de braves guerriers qui, quoique combattant pour une cause qui n'était pas la sienne, avaient illustré les armes Françaises, le Monarque avait ajouté de nouvelles dignités, de nouvelles récompenses; il avait tout fait enfin pour se les attacher. Les vieux athlètes de la révolution pouvaient jouir en sûreté de leurs honteuses rapines. Les régicides même n'avaient rien à redouter, si nous en exceptons le mépris public, et l'on sait que pour ces gens-là le mépris n'est rien. Que leur restait-il donc à désirer? Ne paraissait-il pas évident qu'ils allaient embrasser sincèrement la cause d'un Prince qui pouvait se venger et qui pardonnait? d'un Prince qui aurait pu les écraser, et qui les comblait de bienfaits? Ce fut par une bonté pareille qu'HENRI-LE-GRAND eut bientôt soumis les chefs de la ligue les plus envenimés contre lui. Telle était sans doute l'espérance qu'il était raisonnable de concevoir, si l'on avait moins connu la philosophie et ses disciples, si l'on n'avait su par expérience de quoi sont capables les hommes qui ont secoué le joug de la religion et de la morale. On pouvait être exalté, cruel, fanatique sous le bon HENRI, mais on n'était pas philosophe, on ne connaissait pas la philosophie de nos jours; l'enfer n'avait pas encore vomi ce monstre impur.

Les emplois civils et militaires étaient donc restés entre les mains des anciens satellites de la licence, ou de ces hommes que l'ambition et l'intérêt avaient attachés à la fortune du tyran. Les impies, les jacobins, les napoléonistes gouvernaient au nom d'un roi religieux, et déjà ils se promettaient de renverser une monarchie qui ne pouvait leur convenir. Les vertus des BOURBONS les irritaient. Ils ne voyaient pas sans frémir que le peuple, à l'exemple de ses Princes, s'appliquerait à devenir vertueux ; que les autels de la philosophie et de l'impiété seraient brisés ; qu'ils ne pourraient plus exercer impunément un pouvoir arbitraire ; s'engraisser de brigandages, et de dépradations. A toutes ces considérations venaient se joindre les reproches continuels d'une conscience qui est forcée de se rendre justice : il fallait à ces hommes vils et corrompus un maître qui les ressemblât. Aussi déjà ne pouvaient-ils plus déguiser leur mécontentement et cacher leurs murmures. Leurs vœux impies rappelaient un régime plus conforme à leurs sentimens, et ils tramaient dans le secret la plus horrible des trahisons.

Au milieu de la sécurité qu'inspirait aux gens de bien un gouvernement sage, paternel et réparateur, un cri, suivi de mille cris, part soudain des bords de la Méditerranée, et retentit dans toute la France. *Bonaparte*, échappé de l'île d'Elbe, était descendu sur nos côtes avec quelques centaines de ces guerriers qui, attachés à sa cause comme à sa doctrine, avaient préféré le tyran à leur patrie. La renommée, avec ses cent voix, annonçait sa marche rapide. Ce cri glaça d'effroi le cœur de tous les gens de bien ; ils ne doutèrent pas cependant qu'on n'exterminât ce violateur déhonté de la foi des traités et des sermens; il ne pouvait échapper à la juste vengeance qu'il avait appelée sur sa tête. Mais la philosophie avait préparé son retour; mais la défection et la félonie avaient disposé sur son passage une armée de révolutionnaires prêts à le suivre et à le défendre; mais l'impiété avait fait lever en sa faveur tout ce que la France renfermait de plus audacieux, de plus impur, de plus déterminé; mais la haine de la religion, de la morale et de la discipline avaient armé pour lui une foule de satellites qui, foulant aux pieds la sainteté des sermens, s'énorgueillissaient de devenir parjures. *Massena* sut contenir l'élan généreux des braves habitans du Midi, et donna à l'usurpateur le temps de s'avancer sur Grenoble. Là le traître *Labédoyère* lui livra la ville et la garnison corrompue. *Ney* conduisit, au-devant de lui, les troupes qu'il commandait au nom du Roi pour s'opposer à sa marche. Les autorités civiles secondèrent merveilleusement la défection militaire. Lyon, malgré la fidélité et l'attachement de ses habitans à la famille des BOURBONS, Lyon, remplie d'une soldatesque rebelle et effrénée, et d'une multitude de partisans du tyran, Lyon se vit, contrainte de recevoir dans ses murs le transfuge de l'île d'Elbe. O jour d'affreuse mémoire! quelles imprécations ! quels blasphêmes ! On eût dit que l'enfer avait vomi sur la terre toutes les légions de Satan. Les autels se couvrirent de crêpes lugubres; les Ministres d'un Dieu de paix qu'on outrageait se cachèrent au fond des sanctuaires, et la religion tremblante et menacée s'exila à l'aspect de son mortel ennemi.

Tous les braves qui avaient l'honneur dans la bouche et la félonie dans le cœur, ces guerriers qui avaient juré de mourir pour la cause des descendans d'HENRI IV, ces magistrats qui avaient prêté serment de fidélité à la famille des BOURBONS, courent se ranger sous les étendards de la révolte. O décadence des mœurs! ô corruption déplorable! Nos ancêtres auraient rougi de manquer à leur parole, et des hommes dévoués à l'honneur par profession, violent sans honte les sermens les plus sacrés! Antique loyauté de la chevalerie, vous avez donc entièrement disparu? Les magistrats et les guerriers du bon vieux temps savaient mourir plutôt que de ternir leur gloire en trahissant leur devoir, mais alors ils ne rougissaient pas d'être pieux: parmi le tumulte des armes, au milieu des embarras des affaires, ils conservaient un profond respect pour une religion sainte et divine, ils en pratiquaient les maximes sacrées; aussi zélés chrétiens que guerriers courageux ou fidèles magistrats, ils avaient pour dévise: *Dieu*, *le Prince et la Patrie.* Il appartenait au siècle des lumières de détruire ces nobles sentimens, et d'y substituer les ridicules et vaines déclamations des propagateurs d'idées libérales, les principes monstrueux d'une philosophie subversive de l'ordre, de la morale, et de l'honneur.

Les BOURBONS lâchement trahis et abandonnés s'étaient retirés, suivis d'un petit nombre de serviteurs fidèles et dévoués qui, au milieu de ce désordre, semblables aux *Bayard* et aux *Potier*, étaient demeurés fermes et inébranlables. L'usurpateur triomphant avait trouvé par tout des hommes pervers qu'affligeait le spectacle de la paix qui régnait, de l'ordre qui renaissait, de la morale qui s'épurait, de la religion qui reprenait son empire; des hommes pour lesquels son retour était un présage d'un avenir où la licence leur permettrait de reprendre leur terrible autorité, leur funeste et pernicieuse influence. *Bonaparte* entra sans obstacle dans la capitale, et alla se rasseoir sur un trône où il n'était monté que par le crime, et d'où le crime l'avait fait descendre. En un moment la France retomba dans les chaînes d'une indigne servitude. Terrible et prompte révolution qui doit apprendre aux races futures et sur-tout aux princes ce que peuvent les philosophes, les propagateurs des lumières, les hommes à idées libérales, et toute cette clique impie et sacrilége de novateurs audacieux.

Tandis que les souverains alliés rassemblaient leurs légions pour punir une infraction jusques là sans exemple, la France retentissait des hurlemens de la rage, des cris de la fureur, des blasphêmes de l'impiété. Les dignes lieutenans de l'usurpateur réunissaient à la hâte les troupes qu'ils avaient égarées, et se préparaient à conjurer l'orage. Le tyran lui-même, taciturne et inquiet, formait à Paris ce fameux Champ-de-Mai où l'élite des Philosophes et des libéraux devait accepter ce fantôme de constitution, chef-d'œuvre d'impertinence et dernier acte dérisoire d'un despote devenu tout-à-coup populaire. La nouvelle chambre des Pairs et celle des députés se signalaient par des discussions dignes des temps désastreux de 1793. Dans la première, figuraient ces vieux champions de la licence, républicains farouches sous *Robespierre*, esclaves rampans et soumis sous l'usurpateur, souples royalistes sous les BOURBONS, et revenus enfin aux idées libérales sous l'homme de l'île d'Elbe; couverts, d'un côté, de la livrée de la servitude la plus odieuse, et de l'autre, des anciennes marques du jacobinisme. Dans la seconde, on voyait, à côté des vétérans blanchis dans les querelles politiques, des hommes violens, emportés, turbulens, disciples zélés et ardens de la philosophie; des hommes obscurs, ennemis furibons de la Monarchie, de l'ordre, de la morale et de la religion; des hommes à qui il ne manquait que le pouvoir et le temps pour renouveler les scènes sanglantes et les proscriptions de 1793.

Il se forma dans toute la France une monstrueuse et infâme fédération. Tous les régicides, tous les brigands révolutionnaires, tous les impies, tous les libéraux, tous les philosophes, tous les hommes perdus d'honneur, flétris par l'opprobre, couverts de crimes, enfoncés dans la fange des vices, se liguèrent contre les gens de bien; l'immoralité la plus effrénée se montra par tout avec une impudence, avec une audace épouvantable, et, lorsque LOUIS, ramené par les alliés triomphans et victorieux, était aux portes de sa capitale, les prétendus représentans de la nation proclamaient Napoléon II, et les membres furieux de cette assemblée tumultueuse sanctionnaient, dans le trouble et la confusion, le pacte abominable qui repoussait à jamais les BOURBONS. Mais cette fois encore le Tout-Puissant confondit les desseins de l'impiété et fit triompher la justice et la vertu.

La sanglante journée de Waterloo termina la dernière usurpation de l'échappé de l'île d'Elbe. Il prit la fuite, chargé de malédictions, couvert de mépris, poursivi par la haine des soldats qu'il avait lâchement abandonnés, après les avoir conduits au carnage. Il alla, après un règne de cent jours, cacher sa honte au milieu des immenses déserts de l'océan, dans les rochers de S.te-Hélène. LOUIS, deux fois le libérateur de la France, reparut parmi son peuple. A son aspect la discorde impie sembla s'enfuir pour toujours, et l'espérance vint enfin luire sur le cahos informe et ténébreux dans lequel nous avait plongés un désordre aussi terrible que prompt.

Le Roi avait de justes motifs pour sévir contre ces hommes ennemis acharnés de son nom; contre ces magistrats lâches et infidèles; contre ces guerriers traitres et parjures; contre ces fédérés qui tous avaient appelé, accueilli, défendu et servi le tyran dans sa criminelle entreprise, calomnié, repoussé, combattu les BOURBONS. Peut-être même le Monarque devait-il à la sûreté de son trône, à l'intérêt de la société, de grands exemples d'une sévérité capable d'épouvanter quiconque oserait encore tenter de troubler le repos public; mais LOUIS, semblable à la Divinité, LOUIS, dont la clémence inépuisable surpasse encore la haute sagesse, LOUIS aima mieux pardonner que se venger. Le sang de trois ou quatre grands coupables est le seul sacrifice qu'il ait laissé offrir aux mânes de tant de victimes; et certes, je suis bien loin de blâmer cette admirable vertu, c'est elle qui immortalise la mémoire des bons princes: la clémence de HENRI IV l'illustre plus que ses victoires; ce bon roi périt cependant sous le poignard des ligueurs; les révolutionnaires sont-ils moins dangereux? Je laisse aux gens de bien le soin de faire à ce sujet toutes leurs réflexions.

Cette indulgence admirable semblait devoir

éteindre tout esprit de parti, et réunir autour du trône les Français de toutes les classes. Le passé fut entièrement oublié. On prit cependant des mesures pour l'avenir. L'armée fut licenciée et recomposée de soldats dévoués au prince et à la patrie. On fit quelques épurations dans la chambre des pairs. La chambre des députés fut formée d'hommes animés des sentimens les plus généreux et du dévoûment le plus ardent pour la famille des BOURBONS et pour la Monarchie legitime. Un traité solennel fixa nos rapports avec les puissances de l'Europe, et, malgré les conditions onéreuses et les charges énormes qui nous furent imposées, assura notre existence politique, sans flétrir notre gloire. Les régicides furent expulsés. Des cours prévôtales furent établies pour réprimer l'audace des artisans de nos malheurs. Tout enfin semblait présager un avenir calme et serein qui nous laisserait réparer nos pertes, effacer les vestiges sanglans du vandalisme, de l'irréligion, et de la tyrannie, et jouir en paix de tous les avantanges inséparables de la Monarchie légitime, et de tous les bienfaits qu'on doit attendre d'un gouvernement parternel.

Cependant, au milieu de l'ivresse que

causait cette perspective consolante, l'homme observateur et refléchi apercevait encore sur l'horizon des nuages noirs et brûlans qui menaçaient d'enfanter de nouvelles tempêtes. L'audace effrénée des partisans furieux de la licence faisait encore frémir les amis de la paix et de la tranquillité. Il existait encore une sourde fermentation, et, aux cris de l'amour et de la reconnaissance, se mêlèrent plus d'une fois les clameurs de la sédition et de la menace. Le sage voyait avec effroi les nombreux satellites de l'anarchie populaire et du despotisme impérial s'offenser du pardon généreux qu'on leur avoit accordé, et faire paraître, dans leur contenance et dans leurs discours, la rage qui les animait, et le désir de la vengeance qui les tourmentait. On vit paraître des pamphlets où se montrait à découvert l'esprit séditieux qui les avait dictés. Des libelles infâmes et incendiaires furent colportés et distribués. Enfin éclata la triple conspiration de Paris, de Lyon et de Grenoble. La providence, qui veille sur la famille des BOURBONS, a fait avorter ces plans criminels de troubles et de massacres. Quelques misérables ont subi le châtiment que méritait leur odieuse et coupable entreprise. Mais l'immoralité a-t-elle cessé pour cela d'étendre ses ravages? L'impiété a-t-elle craint de propager ses maximes? Les philosophes se sont-ils tenus dans l'ombre et le silence? Les révolutionnaires ont-ils cessé de tenir le langage du jacobinisme? Les partisans de *Bonaparte* ont-ils renoncé à leurs espérances? non, non; le vice marche tête levée. Les ennemis de la religion et de la vertu, montrent une audace sans bornes. On voit sur leur front un joie tacite. On entend encore les propagateurs d'idées libérales parler de la souveraineté du peuple, et dire: *La nation veut.* Comme si, sous un Monarque, la nation peut avoir d'autres volontés que celle du prince qui ne gouverne que par les lois constitutives, et comme si les rois tenaient leur autorité d'autres mains que de celles de Dieu même. Les bruits les plus absurdes, les mensonges les plus révoltans, les calomnies les plus noires se répandent avec rapidité, et entretiennent dans l'esprit d'une certaine classe d'individus un espoir chémérique peut-être, mais toujours dangereux. Dans cet état de choses, l'homme de bien gémit, et lève les yeux vers le ciel d'où il attend son secours. Et voilà où la philosophie nous a conduits.

Ce n'est pas seulement en France que cette

secte anti-sociale a de puissans et nombreux partisans : ses maximes impies et licencieuses lui ont fait des prosélytes dans tous les États de l'Europe. Depuis qu'un roi guerrier et conquérant s'avisa d'être philosophe, et que, zélé disciple de *Voltaire*, il fut assez insensé pour afficher sur le trône l'impiété et l'irréligion, l'Allemagne fut inondée de doctrines dangereuses et anti-monarchiques. Ce pays est rempli de francs-maçons, d'illuminés, de philosophes de toutes livrées; et, si cette partie de l'Europe a été jusqu'à présent à l'abri des secousses et des convulsions politiques, elle le doit peut-être au flegme naturel de la nation Germanique, et aux guerres continuelles qui ont momentanément retardé et suspendu l'exécution des révolutions; mais que les souverains veillent, et qu'ils tremblent; il sont sur un volcan.

L'Angletterre a ses libéraux et ses républicains, et, sans sa constitution forte et vigoureuse, elle risquerait de devenir à son tour le théâtre de leurs exploits.

L'Italie renferme dans son sein une multitude de ces philosophes sans morale et sans principes, toujours avides de nouveaux changemens et de nouvelles révolutions.

L'Espagne est le pays où les prétendues lumières de la raison aient fait le moins de progrès. Cette brave et loyale nation n'a pas quitté ses mœurs antiques, ni abandonné la croyance de ses pères aux premières prédications de la philosophie. Cette secte licencieuse a bien essayé d'y arborer ses étendards, mais elle n'y a trouvé qu'un bien petit nombre de disciples, et elle a fui honteusement une contrée où elle n'éprouvait que des affronts. Elle se dédommage aussi de cette mésavanture dans les vastes contrées du Nouveau-Monde. Les idées libérales ont trouvé là d'intrépides athlètes, et cet hémisphère est aujourd'hui le théâtre d'une guerre désastreuse, produite et nourrie par cet esprit d'indépendance et de liberté qui a si long-temps ensanglanté le nôtre.

Il importe donc à la tranquillité de tous les pays, à celle de tous les peuples, d'arrêter les ravages de ces doctrines impies, immorales et ennemies de l'ordre et de la paix. Mais comment parvenir à ce but ? La chose est sans doute difficile, mais elle n'est pas impossible, et voici, si je ne me trompe, des moyens que l'on pourrait employer utilement.

D'après la connaissance du caractère de la nation Française, il serait mal adroit, dangereux peut-être de vouloir renverser la philosophie par la force; il faut employer d'autres armes. Il faut couvrir d'ignominie et de mépris l'irréligion, l'immoralité et les doctrines libérales; il faut vouer à l'opprobre tous les philosophes, tous les révolutionnaires, les illuminés, les francs-maçons, les philantropes, les partisans de la licence et du désordre. Il faut environner de respect et de considération les autels et leurs ministres. Il faut revêtir de l'autorité des hommes religieux et connus par des mœurs sévères et irréprochables. Je préfère un honnête homme ignorant à un méchant plein de talens. Il faut écarter des emplois tous les impies, tous les incrédules, tous les anti-monarchistes, et la philosophie tombera d'elle-même, et la religion reprendra son empire sacré, et les mœurs s'épureront, et le trône ne craindra plus de secousses, et la tranquillité sera stable, et les Français seront heureux.

Sous d'autres princes que les BOURBONS, cette réforme s'opérerait difficilement. Le peuple est naturellement imitateur. C'est le Monarque, c'est la cour, ce sont les grands

qui

qui donnent le ton. Si les chefs de l'État sont philosophes et athées, le peuple le sera ; s'ils sont religieux, le peuple le deviendra. Or que n'avons-nous pas à espérer ? Rougira-t-on d'être chrétien, quand on voit un roi remplir tous les devoirs de la religion avec non moins de ferveur et d'exactitude qu'il remplit ceux de la royauté ? Quand on voit des princes donner eux-mêmes l'exemple d'une piété solide et éclairée ? Quand on voit deux princesses pratiquer toutes les vertus, et partager leur temps où à se prosterner aux pieds des autels pour demander à Dieu le bonheur de la France, où à porter des secours aux malheureux ? Quel Français ne s'honorera pas de suivre de loin de si grands modèles ? Et s'il est encore des hommes assez pervers pour résister à ces leçons, que l'opprobre les flétrisse ; qu'ils soient comme des pestiférés que tout le monde craint et évite ; qu'ils soient isolés, sans pouvoir, sans titres, sans considération. Que les écrivains ne consacrent plus leur plume vénale à encenser, à flagorner le vice revêtu de l'autorité ; qu'ils le signalent au contraire dans quelque condition qu'il se trouve ; qu'ils le combattent, qu'ils le livrent, avec toute sa difformité, à l'ignominie qu'il mérite ; qu'ils louent la vertu modeste, et la montrent comme la seule voie qui puisse conduire aux dignités, aux emplois et aux honneurs, et je serais bien trompé s'il ne survenait dans peu un heureux changement dans nos mœurs.

A-t-on fait jusqu'ici tout ce qu'on aurait pu faire pour atteindre un résusltat qui fît jouir les honnêtes gens de tous les bienfaits qu'ils avaient lieu d'attendre de la monarchie légitime? Je ne le pense pas. Les impies, les jacobins, les révolutionnaires sont encore honorés. On voit dans les administrations civiles un grand nombre de ces hommes pour qui la religion n'est rien ; de ces hommes qui ont servi tout-à-tour tous les partis ; de ces hommes adroits et intrigans qui se plient à tous les événemens pour conserver leurs richesses et leurs emplois, ou pour parvenir à de plus considérables ; de ces hommes imbus des doctrines révolutionnaires et libérales ; de ces hommes qui avaient juré la proscription des fils de Saint LOUIS ; on en voit dans les tribunaux, dans la magistrature, dans l'instruction publique, tandis que les défenseurs du trône, les incorruptibles, vertueux et zélés royalistes, éconduits et repoussés, sont traités de factieux ; aussi l'impiété triomphe, et la philosophie révérée et respectée dans ses sectateurs lève sa tête orgueilleuse. Ne serait-ce pas un scandale que d'être, sous un roi très-chrétien, fils aîné de l'Église, gouvernés par des philosophes ? Il n'y manquerait plus que le prisonnier de l'île d'Elbe, et Dieu sait où nous conduirait cette politique toute révolutionnaire. L'expérience, la terrible expérience ne nous rendra-t-elle jamais prudens ?

Le Monarque ne peut pas tout voir lui-même. Les ministres peuvent être facilement trompés. Les gens de bien ne sont pas intrigans, et il faut être intrigant pour parvenir aux emplois ; les hommes vertueux ne savent pas ramper bassement, et il faut ramper pour obtenir des emplois. Les hommes religieux n'ont pas cette ambition dévorante, cette cupidité insatiable, cette soif inextinguible du pouvoir, des richesses et des honneurs, laquelle sacrifie tout pour parvenir à son but ; les gens de bien vivent dans la retraite inconnus et ignorés. Le vrai mérite est timide ; il craint de se montrer et de se produire, et voila pourquoi, parmi les hommes qui servent l'État, on en voit tant qui ne se distinguent que par des mœurs licencieuses, des opinions anti-religieuses, et une conduite toute révolutionnaire et philosophique. La religion et les mœurs sont deux choses aujourd'hui dont on ne s'inquiète guère. Depuis long-temps on paraît suivre à cet égard un plan régulier et concerté, lequel ne manquera pas de ruiner la monarchie légitime, si le génie de la France et des BOURBONS ne détourne le péril.

Ce qu'a dit à l'égard des ministres un écrivain célèbre, je le dis de certains fonctionnaires : il est impossible, d'après la conduite qu'ils ont tenue, qu'ils puissent faire le bien, quelques soient d'ailleurs leurs talens et leurs sentimens actuels. De quel front, je vous le demande, un juge qui, avant la révolution, n'avait point de fortune, et qui aujourd'hui a trente ou cinquante mille francs de rente, oserait-il prendre la balance et le glaive de Thémis ? S'il condamne le vol ou l'escroquerie, ne craindra-t-il pas que l'accusé ne lui dise : « Eh ! monsieur le Juge, j'ai volé, j'ai » escroqué à la vérité ; mais j'ai voulu faire » comme vous, j'ai voulu devenir riche. » Que répondrait-il, dites-moi ? Quelle impression espérez-vous que fassent sur le cœur des jeunes-gens les leçons, les préceptes et les exhortations d'un homme chargé de l'instruction publique, lorsqu'il est connu pour avoir donné dans tous les excès de la licence, de la philosophie, et de l'immoralité? Celui qui a participé au trouble, pourra-t-il arrêter le désordre? Un magistrat qui a porté le bonnet rouge sous *Robespierre*, pourra-t-il réprimer le brigandage et la révolte sous LOUIS XVIII? L'administrateur qui, sous le tyran, a pressuré le peuple, et s'est engraissé de rapines, pourra-t-il encore aller exercer un pouvoir arbitraire dans nos provinces, et y étaler avec impudence un orgueil insolent, et un faste scandaleux? Non, non, il faut que tout ces individus, sans honneur comme sans morale, rentrent dans l'obscurité d'où ils n'auraient jamais dû sortir; tant qu'ils seront chargés des affaires publiques, il n'y aura point de tranquillité, point de paix, point de sûreté.

Depuis la restauration, on a essayé, je l'avoue, de réparer quelques-unes des nombreuses injustices qui ont signalé le règne de la licence et de l'impiété. Notre vertueux Monarque a consacré à cet objet ses travaux et ses veilles; mais on est bien loin de remplir ses intentions bienveillantes; on le fait avec tant de lenteur, avec tant de précautions qu'on dirait que l'on craint d'effacer les traces de la révolution.

La chambre des députés de 1815, dont les membres, quoiqu'en disent les révolutionnaires qui les ont traités de factieux et d'*ultra-royalistes*, dont les membres, dis-je, ont prouvé qu'ils méritaient la confiance des gens de bien et des amis de la monarchie, la chambre des députés, avait voulu qu'on s'occupât de redonner aux ministres des autels la considération qui est due à leur caractère, et que ne donne pas toujours la seule vertu. Ce projet vient enfin de recevoir, en partie, son exécution. Une loi permet aux Ecclésiastiques de recevoir, par donations, des immeubles et des rentes, d'en acquérir de leurs propres deniers, pour en jouir en corps comme propriétaires. C'est, j'en conviens, un grand acte de justice et un pas de fait vers le bien. Mais, que de craintes n'a-t-on pas manifestées, en leur faisant cette concession! Les politiques libéraux les ont déjà vu envahir, engloutir les propriétés des particuliers, et, distraits des affaires spirituelles, s'occuper beaucoup trop des affaires mondaines; il les ont vu former déjà un corps puissant, dangereux et redoutable. Et n'ai-je pas entendu d'honnêtes gens, entraînés par l'esprit du siècle, dire que, dans les circonstances actuelles, on s'occupait beaucoup trop des prêtres. Vous tremblez que les Ecclésiastiques deviennent trop riches et trop puissans ! Eh ! de grâce, faites cesser votre terreur. Nous ne sommes plus dans ces temps où la piété excitait, envers les ministres de l'Éternel, la libéralité des fidèles. Nous ne sommes plus dans le siècle où les princes et les grands faisaient éclater leur munificence en dotant magnifiquement les Églises qu'ils fondaient. Les progrès des lumières ont terriblement changé les dispositions. Les grandes fortunes ne sont plus entre les mains de ces familles pieuses qui se glorifiaient d'en employer une partie à former des établissemens en faveur des ministres de celui de qui ils croyaient tenir leurs richesses, et à qui ils en faisaient hommage. Ces fortunes ont passé à des familles qui n'ont plus ces préjugés ridicules, et qui en font un tout autre usage. Les riches de nos jours sont trop philosophes pour se dépouiller de leurs biens en faveur du clergé ; vous n'avez donc rien à craindre : non, quand la loi n'aurait pris aucune précaution, vous n'avez rien à craindre. Mais les Ecclésiastiques acquerront !... Et avec quoi, je vous le demande ? Où sont leurs ressources ? De quels fonds disposeront-ils pour ces acquisitions ? Sera-ce de leurs épargnes ?... Vous n'avez encore rien à redouter sur ce point. Vos frayeurs sont vaines, entièrement vaines.

Les philosophes ne manquent pas de rappeler avec affectation les excès et les abus que les richesses du clergé avaient introduits parmi les Ecclésiastiques ; ils les signalent avec ardeur ; ils les présentent sous les couleurs les plus noires, les plus odieuses ; mais vous disent-ils tout le bien que firent ces mêmes hommes dans l'emploi de leur richesses ? Sans parler ici de mille actions éclatantes, et des nombreux monumens qui attestent les bienfaits de ce corps illustre et malheureux, combien d'actes de charité chrétienne, combien de faits généreux, combien de sacrifices héroïques, inconnus et plongés dans l'oubli ! L'impiété, au défaut de la vérité, a emprunté la voix de la calomnie, pour divulguer de prétendus excès, qu'on a souvent inventés et presque toujours grossis ; et les services rendus à l'humanité, aux lettres, aux arts, à la patrie, tout est oublié ; on ne veut se rappeler que les abus ; et par tout où il y a des hommes, n'y a-t-il pas des abus ? Oui, sans doute, jusques parmi les philosophes. Pour Dieu ! si vous avez dépouillé de leurs biens les ministres des autels, laissez-leur au moins l'honneur.

Si ce fut un scandale de voir autrefois les successeurs des apôtres, les ministres d'une religion qui prêche le mépris des grandeurs, des richesses, des pompes mondaines, plongés dans le luxe, accablés de biens, chargés de dignités, n'est-ce pas une honte aujourd'hui de voir ces hommes utiles, réduits la plupart à une situation qui approche de l'indigence? Salariés comme un valet de ville? Sans pouvoir, sans considération, sans autorité? Comment soulageront-ils les malheureux, quand ils ont à peine le nécessaire? Comment s'attireront-ils le respect, quand leurs paroissiens superbes s'accoutument à les regarder comme des gens à leurs gages? Que les Curés et les Prêtres redeviennent enfin ce qu'ils étaient jadis, ce qu'ils doivent être aujourd'hui, je veux dire, respectés, considérés comme la première autorité, comme les premiers fonctionnaires de leurs communes. Habitans des villes et des hameaux, étiez-vous plus malheureux, lorsque votre respectable Curé était tout-à-la-fois le père des pauvres, votre consolateur dans vos infortunes, votre médecin dans vos maladies, votre conciliateur dans vos différens? Lorsqu'après avoir porté dans le réduit de la misère, l'espoir et la vie, il ne sortait de là que pour réconcilier, sans procès, sans tribunaux et sans frais, l'époux avec l'épouse, le père avec le fils, le frère avec le frère, le voisin avec le voisin, et entretenait ainsi dans les familles la paix, la concorde et l'union?

Les Pasteurs de nos jours ont sans doute le même zèle, la même ardeur; mais ont-ils les mêmes moyens? Ont-ils les mêmes facultés? Ont-ils la même autorité? L'état de nos finances ne permet pas au Monarque pieux de faire pour eux tout ce qu'il aurait voulu, et il en a témoigné ses regrets; mais, on le peut, qu'on se hâte de les tirer de cet état d'abjection et de dépendance si contraire à leur ministère; que les Prêtres du Seigneur reçoivent du Prince cette part de considération et de pouvoir qu'exige la majesté de leur caractère et la sainteté de leurs fonctions; et on les verra aller encore poser la borne au sujet de laquelle s'était élevée une vive contestation, réunir au presbytère, dans un repas frugal, deux ennemis qui paraissaient irréconciliables; désigner à la jeune fille l'époux auquel elle doit donner sa main; remplir une longue carrière d'actions, sans éclat à la vérité, mais utiles, généreuses et pleines de charité, mourir enfin pleurés comme des pères, et, du fond de la tombe qui renfermera leurs froides dépouilles, prêcher encore la piété et la vertu.

La Monarchie ne peut pas plus se passer de noblesse que de clergé. Quel est le Français qui ne se rappelle, avec un sentiment mêlé d'admiration et de regrets, les services glorieux et immortels que ce premier ordre de l'État a rendu à la France et à la Monarchie ? Le souvenir des chevaliers Français retrace à la mémoire tout ce qu'il y a de grand et de sublime parmi les hommes. Depuis douze siècles la noblesse Française s'est distinguée par son urbanité, sa franchise et sa bravoure. On voit dans tous les temps ces intrépides gentilshommes, ces pieux guerriers, prodiguer généreusement leur sang et leur fortune pour le prince et la patrie. Nos annales sont remplies de leurs exploits. Que d'actions héroïques ! Quelle foule de nom illustres qu'on ne prononce qu'avec respect ! A Poitiers, sous JEAN-LE-BON ; à Pavie, sous FRANÇOIS I.er, en Afrique, sous LOUIS IX, ils périssent sous les yeux de leur Roi ; ils vengent l'honneur Français et triomphent dans cent batailles. Ils brillent dans les combats ; ils se distinguent dans la magistrature ; par tout enfin on les voit comme des modèles de courtoisie, de fidélité et de courage. Hélas ! grâce encore à la philosophie, il ne reste guère plus aujourd'hui que le souvenir de ce que fut autrefois cette noblesse brillante et si justement renommée. Combien de familles célèbres éteintes par la hache révolutionnaire ! Combien qui ont dégénéré ! Presque toutes ont été dépouillées du patrimoine de leurs ancêtres, prix de leur sang et de leurs services. Une nouvelle noblesse, à la vérité, s'est élevée sur les ruines de l'ancienne ; la plupart des membres de cette dernière n'ont obtenu ce titre qu'en récompense de leurs belles actions, et je suis loin de les mépriser ; c'est le mérite qui fait la vraie noblesse ; il ne leur manque plus qu'à prouver, comme les premiers, leur dévoûment à la Monarchie légitime ; et ils en trouveront tous les jours l'occasion, jusqu'à ce qu'ils puissent le faire d'une manière plus éclatante sur un champ de bataille. Il importe donc de rendre à ce premier ordre de l'État toute la splendeur et toute la prépondérance qui peuvent être compatibles avec le nouvel ordre de choses que nous ont fait adopter les lumières du siècle.

Je sais que les philosophes et les libéraux verront de grands dangers dans ces actes de justice; ils s'y opposeront de toutes leurs forces; ils feront valoir en leur faveur mille subterfuges insidieux; cela n'est pas surprenant; ils savent que l'autel est l'appui de la Monarchie, que la noblesse est le rempart du trône, et ils ne veulent point de cette monarchie, et ils ne veulent point de ce trône. Mais que les gens de bien soient unis, et les philosophes seront déconcertés.

Il est temps que l'instruction publique, un des moyens les plus puissans pour ramener l'amour et la pratique de la religion, de la morale, de la vertu, et de la Monarchie, l'instruction publique, dégagée des entraves qui en paralisent les effets salutaires, purgée des élémens impurs et dangereux qui s'y étaient introduits sous un gouvernement philosophe et impie, marche vers le noble but qu'elle doit se proposer. Il est temps qu'on ne voye, parmi ceux qui sont chargés de guider la jeunesse, que des hommes vertueux et éclairés qui, par leurs exemples encore plus que par les préceptes, excitent leurs élèves à la pratique d'une morale sainte et divine qui peut seule former les véritables grands hommes.

Il importe à la prospérité, à la splendeur, à la sûreté de l'Etat que l'éducation des jeunes-gens ne soit plus confiée à des prêtres déréglés, ou à des laïques impies ; à des révolutionnaires sans mœurs, ou à des philosophes épicuriens. On discutera à loisir si le corps enseignant doit être composé d'ecclésiastiques ; si l'instruction publique doit appartenir ou non à des congrégations ; ce n'est pas là, selon moi, ce qui presse le plus ; mais on doit se hâter de n'admettre dans ce corps que des individus sans tache ; des hommes dont les principes et la morale ne soient point équivoques. Il faut que ces hommes apprennent à la génération naissante que la religion est le premier des devoirs ; que sans elle, point de morale, point de véritables vertus, point de grands hommes, point de bonheur enfin ; que l'amour de l'argent est une passion basse, vile, infâme, qui dégrade et retrécit l'ame de celui qui en est possèdé, qu'il n'y a de passions nobles que celles qui nous portent à surpasser les autres en bonnes actions, et à servir fidèlement Dieu, le prince et la patrie ; que la véritable gloire consiste, non à occuper de grands emplois, mais à remplir dignement les fonctions de ceux auxquels ont est appelé ; non à accumuler d'énormes revenus mais à porter au suprême degré les vertus de son état; vérités que jusqu'à présent on n'a guère enseignées. Il s'est fait néanmoins, il faut en convenir, de grandes améliorations. Je connais telle maison où il reste peu de réformes à faire; la morale chrétienne y marche à côté de la discipline et d'une solide instruction; mais cela n'est pas général; et cet état d'incertitude d'ailleurs, tant que le gouvernement n'a rien statué de définitif, cet état précaire, ne peut qu'être infiniment nuisible à l'éducation.

Il faut en outre que ceux qui se consacrent aux pénibles fonctions de l'instruction jouissent de l'honneur et de la considération qui doivent être attachés à cet emploi. Leur sort ne doit pas être incertain. Il faut que la vieillesse de ces hommes utiles puisse s'écouler dans une honnête aisance, sans craindre une honteuse pauvreté. Pourquoi le bien ne se fait-il qu'à demi? quel est donc le mauvais Génie qui empêche qu'on ne le consomme? C'est qu'on tient encore à la révolution plus qu'on ne pense; c'est parce qu'on craint de faire rétrograder l'esprit humain. L'état des finances, dit-on, ne permet pas qu'on puisse faire pour ces établisemens ce qui serait convenable;

cela peut être vrai ; nos charges sont énormes ; mais quand on peut donner cent soixante mille francs à une Cantatrice, on ne pourra pas doter convenablement les établissemens publics d'instruction ! Les comédiens, les histrions ont des carrosses et des laquais et les professeurs auront à peine le nécessaire ! Qu'on se hâte, je le repète, d'établir sur des bases solides cet édifice important ; alors peut-être verra-t-on renaître ces sentimens purs, élevés, nobles et délicats qui distinguèrent si long-temps la nation Française.

Avant que la philosophie eut propagé les maximes libérales, et les lumières de la raison, les grands emplois civils et militaires n'enrichissaient pas ceux qui les occupaient. Ce n'était point l'appât de l'or, ni une sordide cupidité qui guidait les guerriers et les magistrats dont nous conservons la mémoire. Ces grands hommes au contraire, en servant leur prince et leur patrie, sacrifiaient encore leur propre patrimoine. Les grands et célèbres capitaines qui ont illustré la France, après avoir dompté les ennemis de l'État, rentraient chez eux avec beaucoup de gloire et peu d'argent. On ne les voyait point dévorer les richesses des peuples qu'ils soumettaient, ni

agrandir

agrandir leur fortune des dépouilles des vaincus. Ils ne souillaient pas leurs victoires par des rapines et des exactions ; ils revenaient sans autre trésor que les lauriers qu'ils avaient cueillis sur le champ de bataille. Le maréchal de *Brissac* qui commandait en Italie, suspendit le mariage de sa fille, et engagea une partie de ses terres pour payer les dettes qu'il avait contractées pour le service du prince et de l'État. Les *Condé*, les *Turenne*, les *Villars*, les *Catinat*, n'étalèrent point, après tant de conquêtes, une opulence fastueuse et superbe. Les Magistrats ne s'engraissaient pas de la substance du pauvre, des deniers de la veuve et de l'orphelin, ni des larmes de la faiblesse opprimée. Ces hommes, dira-t-on, jouissaient déjà d'une fortune considérable ; ils n'avaient rien à désirer que la gloire ; il n'en était pas ainsi des hommes de notre temps ; il leur fallait de la gloire, mais comme cette gloire tenait un peu du clinquant, il leur fallait sur-tout de l'argent et des richesses pour la réhausser et lui donner quelqu'éclat. Fort bien ! Il est évident que des hommes qui, des derniers rangs de la société, se sont élevés aux premières dignités, ne peuvent pas vivre comme de simples particuliers, et aller, comme les héros Romains, manger leurs légumes, et labourer leur champ; mais sont-ils autorisés pour cela à dévorer les revenus de l'État? à dépouiller les vaincus? à opprimer les peuples, pour accumuler scandaleusement de honteuses richesses? Certes, le mérite n'avait pas attendu le règne de la philosophie pour parvenir aux grandes dignités; *Lesdiguières*, *Catinat*, *Fabert*, *Jean Bart* et tant d'autres semblables qui, par leur courage et leurs talens, sortirent de la poussière, et s'élevèrent aux premiers emplois, ne laissèrent à leurs héritiers qu'un grand nom et peu de biens. Où sont, parmi nos héros modernes, ceux qu'on pourrait leur comparer? Où sont, parmi nos hommes d'État et nos magistrats, ceux qu'on peut mettre en parallèle avec les *Sully*, les *Patru*, les *Daguesseau*, les *Lamoignon*? Mais aussi quelle extravagance de comparer ces temps de barbarie avec le siècle de lumière! Quels progrès la philosophie n'a-t-elle pas, depuis ce temps-là, fait faire à la raison!!!

Lorsque, depuis la révolution, nos armées nous ont conquis de nouvelles provinces, la plupart des généraux ont d'abord pressuré les vaincus, et, par des exactions de tout genre, rempli leurs coffres et amassé des trésors (je dis la plupart, car on peut faire quelques exceptions honorables.) Il n'y avait pas jusqu'au moindre officier, jusqu'au dernier commis qui ne songeât à faire fortune. Après les militaires, venaient des légions d'employés civils, administrateurs, auditeurs, commissaires, fournisseurs, que sais-je moi? Une nouvelle armée plus rapace encore que la première. Aussi les aventuriers couraient aux armées, comme, il y a trois siècles, on courait au Pérou.

Il est vrai que les alliés, instruits par la philosophie et par les leçons que nous leur avons données pendant vingt ans, ont tâché, lorsqu'ils sont entrés chez nous, de nous prouver d'une manière victorieuse qu'ils savaient profiter de nos exemples. Nous avons été pressurés à notre tour, et le peuple Français a été contraint de restituer avec usure aux étrangers ce que leur avaient volé deux ou trois cents individus qui aujourd'hui, au sein du luxe, de l'abondance et des richesses, rient tout bas de la détresse de ce même peuple, et employent peut-être le fruit de leurs spoliations à augmenter sa misère et son infortune. Et vous direz ensuite que la philosophie est contraire au bonheur du genre humain?

En vérité, les riches et puissans révolutionnaires ne pensent pas ainsi.

Le rapide et extraordinaire avancement qu'obtenaient les intrigans audacieux, soit dans le civil, soit dans le militaire, entretenait dans la jeunesse cette ambition démesurée et aveugle, cette présomption que nourrit l'ignorance, et ce désir de parvenir qui étouffe tout autre sentiment. Le soldat se réjouissait un jour de bataille, en songeant que la mort allait hâter l'avancement de ceux qui échapperaient au carnage. De-là, cette inquiétude et cette agitation continuelles. Un militaire était-il parvenu au grade d'officier, il aspirait à devenir capitaine : le capitaine voulait être colonel ; le colonel prétendait au généralat, et le général s'attendait à recevoir bientôt le bâton de maréchal. Il en était de même dans le civil : chacun aspirait aux premières charges. Un commis n'espérait pas moins qu'une préfecture, ou un ministère. Aussi les jeunes-gens, dégoûtés des états de leurs pères, humiliés de la condition où ils naissaient, mécontens de la médiocrité de leur fortune, formaient-ils tous un plan d'élévation qu'ils suivaient avec une ardeur incroyable. Ce n'était plus le mérite réel qui portait lentement un jeune homme aux emplois, en le faisant passer par tous le degrés inférieurs; c'était l'audace, l'intrigue, la bassesse, l'obstination qui les faisaient parvenir. Ainsi une tourmente élève dans les airs des tourbillons de poussière qui, dans le calme, serait toujours restée attachée humblement à la terre.

Ce mal a fait de terribles ravages dans la société. Il existe encore dans toute sa force, et l'on a entendu, depuis la dernière restauration, un officier que l'on félicitait d'être en activité en qualité de capitaine, répondre tristement : « *Oui; mais je serai capitaine* » *toute ma vie.* » Capitaine, toute votre vie, monsieur!!! En vérité, c'est bien malheureux... Mais, avant le règne des idées libérales, des hommes de mérite et d'une naissance distinguée se croyaient fort honorés en mourant capitaines. Le seigneur de mon village, marquis issu d'une ancienne famille, mourut capitaine de dragons, après avoir, dans cet emploi diminué sa fortune d'un capital de vingt-cinq mille francs de rentes; et le fils d'un bourgeois, d'un laboureur, d'un artisan gémit d'être condamné à rester capitaine toute sa vie??? N'est-ce pas le comble de l'impudence?

Il est temps qu'un pareil scandale cesse ; et que chacun reprenne son rang. La Monarchie est incompatible avec un tel ordre de choses.

Je n'entends pas que le vrai mérite demeure dans la poussière et reste sans récompense ; non ; mais il ne faut pas que des légions d'ambitieux prétendent que leurs talens ne sont jamais assez prisés, et qu'on ne leur doit rien moins que les premières charges de l'État.

Tant que la morale, ramenée par la religion, ne reprendra pas son influence salutaire, on verra toujours cette ambition inquiète et turbulente agiter les individus de toutes les conditions ; et la France ne sera véritablement tranquille et heureuse, et le trône ne sera vraiment inébranlable que lorsque chacun saura se contenter du rang où la Providence l'a placé ; lorsque les hommes rechercheront avant tout la vertu, et le titre de gens de bien ; lorsqu'ils seront bien persuadés que, dans quelqu'état qu'il se trouvent, ils n'auront de considération qu'autant qu'ils seront vertueux ; et qu'un humble et obscur artisan, mais honnête, religieux et homme de bien, mérite plus d'estime qu'un comte, un magistrat, ou un général sans religion, sans morale et sans probité.

Il est une vérité dont tout le monde devrait être vivement pénétré; c'est qu'on peut s'illustrer, s'ennoblir, s'immortaliser dans toutes les conditions. C'est une erreur, une grande erreur que de croire qu'il faille atteindre le faîte des grandeurs et des richesses pour se distinguer. *D'Assas* n'était qu'un simple officier ; son nom est devenu immortel. Les hommes qui à Calais se dévouèrent si généreusement pour leurs concitoyens n'étaient que de simples bourgeois, et leur mémoire se conservera de siècle en siècle. Le soldat peut donc se couvrir de gloire comme le général; le citoyen comme le ministre. Quiconque fait de grandes actions est un grand homme, dans quelque condition qu'il se trouve. Que chacun cherche donc à s'illustrer dans l'état où il est placé, par des services rendus à l'humanité, au prince, à la patrie, et par la pratique de toutes les vertus, tout ira bien ; mais quand chacun s'agitera pour sortir de la sphère dans laquelle il est circonscrit, ce ne sera plus qu'un désordre contraire au bien public, et incompatible avec la Monarchie. On sent bien que je ne parle pas ici de ces événemens rares où un homme d'un mérite extraordinaire se fraye un chemin inusité à une élévation à laquelle l'appelaient avec justice la force de son génie, et l'éclat de ses vertus.

Il a paru jusqu'à présent plusieurs brochures dont les auteurs, tous sans doute animés d'un esprit excellent, développent les moyens d'affermir la Monarchie, de rétablir les finances, de comprimer les factieux. Je pense comme eux qu'il ne faut pas que, sous un Monarque pieux, la France soit gouvernée par des impies, des athées, des philosophes et des libéraux, ennemis naturels et irréconciliables de la Monarchie; et j'ajoute que nous aurons de bons magistrats, de vaillans et fidèles guerriers, quand nous aurons de la religion ; et que nous aurons toujours assez d'argent, quand nous aurons des mœurs et des vertus. Écrivains politiques, enseignez donc aux Français à devenir religieux et hommes de bien, et le crédit public sera assuré, et la Monarchie n'aura plus d'ennemis à craindre, et la France reprendra sa force et sa splendeur.

La régénération de la France s'opérera donc quand les gens de bien s'uniront d'une volonté ferme et désintéressée pour s'opposer aux invasions de la philosophie et de l'immoralité; quand on rendra à la religion l'influence qu'elle doit exercer, et à ses ministres l'autorité et la considération dont il doivent être revêtus ; quand les hommes favorisés de la confiance du Roi, et qui occupent les premières charges de l'État, seront les amis et les protecteurs de la religion et des mœurs ; quand ils n'appelleront aux emplois subalternes que des citoyens probes, chrétiens et vertueux ; quand on déjouera l'intrigue, la cabale, l'ambition et l'hypocrisie ; quand on ira chercher dans sa retraite l'homme de mérite qui se cache, pour le mettre dans un poste où il servira fidèlement son Dieu, son Roi et sa Patrie ; quand on sera bien convaincu que, pour faire le bien, il ne suffit pas d'avoir des talens, mais qu'il faut encore avoir de la religion, des mœurs et des vertus ; quand on cessera, sous un Roi juste, généreux, magnanime et souverainement bon, de mépriser, de persécuter de fidèles serviteurs de ce même Roi ; quand on cessera de les éloigner des emplois et de les abreuver de dégoûts et d'injustices, parce qu'ils ont le tort impardonnable d'être religieux et royalistes ; la France enfin se régénérera quand, à l'amour de l'argent, on substituera l'amour de la gloire et de la justice.

Il serait temps de revenir aux mœurs antiques de nos pères, mœurs qui les rendirent célèbres chez les étrangers, et firent en même temps le bonheur de leur vie publique et privée. Que j'aime à me rappeler ces magistrats simples, intègres, désintéressés, sans faste, sans orgueil, protecteurs intrépides de l'innocence, du faible, de la veuve et de l'orphelin, la terreur du crime, de la fraude et de l'injustice, inaccessibles à l'amour de l'argent, incorruptibles enfin et irréprochables dans toutes les actions d'une vie consacrée au bien public! Avec quelle admiration je songe à ces guerriers immortels qui, méprisant les richesses, ne recherchaient que la gloire, et, de toutes les dignités, n'ambitionnaient que celle de chevalier *sans peur et sans reproche!* Les magistrats et les guerriers d'aujourd'hui rougiraient-ils de suivre des exemples si nobles, si sublimes? Craindraient-ils d'imiter des modèles si grands, si parfaits? Ces hommes ont-ils été moins honorés, moins respectés, parce qu'ils pratiquaient les maximes saintes de l'Evangile? *Bayard* est-il moins un héros, parce qu'à défaut de prêtre, il se confesse à son homme d'affaires, et baise religieusement en expirant, le front tourné contre l'ennemi, la garde de son épée en forme de croix? Quelle différence entre la mort glorieuse et chrétienne de ce prince des braves, et celle de ces furieux qui, dans les déserts de la Russie, ou dans les plaines de Waterloo, sont morts comme des désespérés, en poussant contre Dieu d'horribles blasphêmes! O temps d'héroïsme et de piété! Si l'exemple des Princes que la Providence nous a rendus ne vous ramènent pas, nous sommes une race dégénérée, et nous méritons justement les malheurs qui ont pesé sur nous, et ceux dont nous sommes encore menacés.

Mais pourquoi les ennemis de la religion, de la morale et de la Monarchie semblent-ils aujourd'hui se glorifier de ce qui autrefois les eût couverts d'opprobre? Parce que l'impiété sacrilége, et l'immoralité licencieuse sont devenues le partage des gens du bon ton, et que le gueux sous les haillons de la misère s'est corrompu par leurs exemples scandaleux, et a trouvé commode de se débarrasser d'un frein qui bridait ses passions; parce que, de notre temps, l'irréligion passe pour force d'esprit; parce que, à l'avantage de vivre selon ses caprices et ses volontés, l'impie peut marcher tête levée, obtenir des places, des honneurs, des biens, des dignités, tandis que l'homme vertueux languit dans la poussière;

parce que, si quelqu'un ose élever la voix pour défendre la religion, les mœurs et la monarchie, et combattre les maximes philosophiques, libérales et révolutionnaires, il est poursuivi comme un factieux, traduit devant les tribunaux, jugé condamné pour le crime irrémissible d'avoir alarmé cette portion intéressante de la société, je veux dire, les philosophes, les impies, les jacobins. Que les progrès de l'irréligion, des maximes libérales, des erreurs philosophiques, alarment tous les jours les royalistes, les gens de bien, et les amis de la Monarchie, cela est indifférent ; la société ne peut en être troublée, le trône n'a rien à redouter ; on ne s'en inquiète point ; mais faire craindre aux révolutionnaires, aux impies, et aux philosophes que la religion va reprendre ses droits, que la morale va succéder à la licence qu'ils ont prêchée! C'est troubler l'ordre public ; c'est violer les lois ; l'État a tout à craindre de ces entreprises ; il faut les reprimer avec sévérité. Après cela étonnez-vous que l'immoralité et la corruption fassent des progrès si rapides, et qui alarment tous les honnêtes gens, excepté les impies ; mais cela suffit ; on dirait que le salut du trône repose sur cette seule classe d'hommes.

Quel triomphe pour les philosophes et les révolutionnaires, quand ils ont vu un respectable ecclésiastique qui, expatrié pendant vingt ans pour la cause de la monarchie, n'a cessé de contribuer de tout son pouvoir à la restauration, assis sur le banc des accusés, et condamné, comme un ennemi de l'ordre public, pour avoir alarmé d'une manière indirecte les acquéreurs de biens nationaux; quoiqu'il eut dit formellement dans sa brochure, page 57, qu'il ne prétendait *jeter aucun doute sur la légalité des acquisitions faites des biens ecclésiastiques par les nouveaux possesseurs, etc.* Comme ils ont célébré cette victoire! Les juges ont-ils songé qu'ils avaient au-dessus d'eux l'opinion publique qui confirme ou annulle leurs sentences? Ecrivains religieux! amis de la monarchie! défenseurs de la morale! ne vous effrayez point. La plupart de vous, lorsque la hache de l'impiété et le glaive de la tyrannie menaçaient vos têtes, n'ont pas craint d'écrire en faveur de l'autel et du trône, Que pouvez vous redouter aujourd'hui sous un roi très-chrétien, sous un petit-fils de Saint LOUIS? liguez-vous donc; armez-vous contre ces modernes Titans; versez sur leur tête la coupe de l'infamie; flétrissez ces philosophes qui ne sont pas moins les ennemis de la monarchie que de la religion; peut-être la vérité, qui blesse aujourd'hui tant d'hommes intéressés à en étouffer la voix, finira-t-elle par triompher; et, dans tous les cas, il y aura pour vous de la gloire à être persécutés pour une si belle cause.

J'entends déjà certains individus, qui cependant vantent leur royalisme à qui veut les entendre, s'écrier avec humeur : « Quelle fureur » de vous inquiéter ainsi, des impies, des » philosophes, des révolutionnaires! Quelle » folie de crier sans cesse contre l'immoralité » et l'irréligion! N'avez-vous pas un roi pieux, » sage et clairvoyant capable de corriger les » abus, et de gouverner sagement? Ce prince » n'a-t-il pas des ministres qui ont sa con» fiance? Occupez-vous de vos affaires, et » laissez à ceux qui tiennent le gouvernail le » soin de conduire le navire au port, en évitant » les écueils, en bravant les tempêtes ». Fort bien! s'ils entendent qu'un écrivain ne doit pas se mêler des affaires du gouvernement, ni censurer ses opérations, je suis de leur avis, quoique, dans le fait, il ne résulte aucun danger des écrits qui pourraient improuver la conduite des ministres, puisqu'ils sont responsables, et que peut-être même les hommes d'État pussent tirer de ce conflit didées, d'opinions et de sentimens, des lumières importantes, comme cela arrive chez les Anglais nos voisins qu'on ne cesse de nous citer pour modèles; mais s'ensuit-il qu'on doive garder un silence absolu? qu'on ne puisse signaler les périls quand ils paraissent imminens? qu'on ne doive désigner aux honnêtes gens les méprisables et vils fauteurs du désordre, de l'immoralité et du brigandage? les ennemis furibonds de la religion et de la monarchie? Le roi fait-il tout, voit-il tout par lui-même? Et ceux qui gouvernent en son nom ne sont-ils pas hommes? ne peuvent-ils pas se tromper? sont-ils infaillibles? n'ont-ils jamais besoin de consulter l'opinion publique? Et qui l'éclairera cette opinion, si tout le monde garde le silence? on ne saurait trop écrire pour abattre l'hidre de l'impiété et de la philosophie; on ne saurait trop appeler l'attention du gouvernement sur les suites funestes de l'irréligion et de l'immoralité que nourrit et propage l'esprit révolutionnaire qu'il est temps enfin d'étouffer. Les philosophes, on le sait par expérience, ne travaillent pas seulement pour le présent, ils sèment pour l'avenir; ils préparent de loin les révolutions ; et, parce qu'ils seront peut-être forcés, par les circonstances, d'ajourner à des temps plus favorables, l'exécution de leurs desseins funestes, sont-ils moins dangereux pour cela?

Je sais qu'un illustre écrivain, défenseur ardent de la religion et de la morale, écrivain dont l'amour pour le monarque et la famille des BOURBONS n'est pas équivoque, et dont les intentions ne peuvent être douteuses, vient de s'attirer, par un zèle, sans doute immodéré, l'improbation de Sa Majesté. Puisque le roi a blâmé M. de *Châteaubriant*, il est hors de doute que ce prince n'ait eu de justes raisons d'agir ainsi. Je pense cependant qu'il sera toujours glorieux pour M. de *Châteaubriant* de s'être attiré, par trop d'amour et de zèle, une espèce de disgrâce dont se réjouissent les ennemis secrets de l'autel et du trône.

Les philosophes ne pardonneront jamais à l'auteur du Génie du Christianisme, d'avoir vengé d'un mépris humiliant une religion sublime et divine. Aussi avec quelle ardeur ont-ils saisi, pour rendre suspectes ses intentions, une circonstance où l'amour de la patrie, de la religion et du souverain lui a peut-être fait passer les bornes de la modération. L'ouvrage

où

où M. de *Châteaubriant* combat le système révolutionnaire a été interdit, supprimé par la police, et cependant ont paru des réfutations, des lettres où l'on ne craint pas de le traiter de pamphlètaire, de fanatique, et presque de rebelle, en lui appliquant cette épigraphe tirée du moniteur: *Je me méfie d'un dévoûment qui prend les couleurs du fanatisme et de la résistance.* Et moi, le dis franchement, je me méfie bien plus, et tous les gens de bien doivent se méfier d'un dévoûment qui n'est que l'effet de la dissimulation et d'un intérêt calculé par la philosophie la plus fanatique de toutes les sectes. M. de *Châteaubriant* a pu avancer une erreur, vous la relevez, c'est fort-bien; mais parce qu'il a embrassé la cause de la religion et de ses ministres, il n'a qu'un dévoûment fanatique? Parce qu'il croit la Monarchie en danger, qu'il attaque les révolutionnaires en les démasquant, qu'il signale l'orage qui nous menace de la tempête, il n'a qu'un dévoûment qui prend les couleurs de la résistance? Philosophes, vous vous décélez; à travers la peau de l'agneau, on voit le bout des oreilles du loup, et, comme le dit le proverbe: *à la griffe, on reconnaît le lion.*

Le Monarque est trop juste pour juger ainsi

un homme qui lui a donné tant de preuves d'un attachement qui peut aller jusqu'à l'excès, mais qui est inébranlable; et, si Louis XVIII a oublié que la plupart de ceux qui le flattent aujourd'hui servaient n'aguères, avec un enthousiasme qui tenait aussi du fanatisme, et d'un fanatisme bien criminel, une cause qui n'était pas la sienne, il oubliera bien plus facilement l'excès du zèle d'un serviteur fidèle, pour ne se rappeler que ses services. Un royaliste, fanatique même, doit-il être assimilé aux révolutionnaires et aux fédérés de 1815?

Mais M. de *Châteaubriant* s'est il trompé quand il a dit que les philosophes et les révolutionnaires conspiraient? que l'on n'agissait que dans le sens révolutionnaire? que la monarchie légitime avait tout à craindre de la part de ces hommes dissimulés et perfides? je suis loin, par ma position, d'être instruit, aussi bien que lui, de la marche des affaires politiques, et je ne craindrai pas cependant de vous dire, après lui, que les impies, que les philosophes, que les révolutionnaires, que les méchans conspirent; et cette conspiration est d'autant plus dangereuse qu'elle semble d'abord ne menacer d'aucun péril; qu'elle se montre sous des dehors trompeurs ; qu'elle attaque sourdement, et, qu'en détruisant la religion, la morale, et les vertus, en éloignant les gens de bien, elle se ménage les moyens de porter un jour des coups assurés. Vous qui prétendez que, tranquilles passagers sur le vaisseau de l'État, quoique nous voguions sur une mer orageuse et pleine d'écueils ; quoique l'équipage soit composé d'hommes qui ont changé trois ou quatre fois de pavillon, d'hommes qui sont nos ennemis, nous devons garder le silence, et nous reposer sur la sagesse du pilote et du capitaine, faites donc en sorte que ces hommes ne nous donnent plus de craintes et d'alarmes. N'avons nous pas vû de quoi ils sont capables ces hommes? Pouvons-nous oublier leur conduite dans tous nos troubles politiques? Leur hypocrisie, leur mauvaise foi, leurs parjures ? Et quand nous voyons la guerre sourde que font à la religion et aux mœurs les philosophes et les révolutionnaires ; quand nous voyons qu'ils sont accueillis, honorés, récompensés ; quand nous voyons les vrais amis de la Monarchie, éloignés, oubliés, méprisés, laissez-nous, de grâce, la liberté de témoigner nos craintes, et de prévenir les gens de bien.

Mais d'où vient enfin cette inquiétude générale ? D'où vient cette espèce de défiance pour l'avenir ? L'attribuerez-vous au zèle immodéré des monarchistes ? Et à quoi aboutit ce zèle qu'on cherche si fort à comprimer ? Que demandent ces royalistes que l'on dépeint comme des hommes dangereux ? Attaquent-ils la charte ? veulent-ils la Monarchie autrement que la charte ne la veut ? parlent-ils de vengeance, de réactions ? cherchent-ils à aigrir les esprits ? quoiqu'ils soient la plupart pauvres, abandonnés, rebutés, se plaignent-ils avec audace ? Eh ! grand Dieu ! rien de tout cela ; non, rien : ils ne demandent que la paix et la tranquillité ; ils ne désirent que l'union, ils ne veulent que la religion, la monarchie et les BOURBONS ; mais ils la veulent ferme et inébranlable cette monarchie ; et tout leur dit qu'elle ne le sera jamais, que tous les sacrifices qu'ils ont faits seront vains, tant que la philosophie triomphera, tant que l'immoralité régnera, tant que les intérêts de la révolution seront ménagés, tant que les maximes libérales seront mises à la place de celles de l'Évangile ; et voilà ce qui cause leurs alarmes ; sont-elles chimériques ?

Tout est tranquille, dira-t-on, vos frayeurs

sont sans fondement : je le souhaite de toute mon ame ; je consens volontiers à être regardé comme un prophète menteur ; tant mieux si je me trompe ; mais les apparences sont-elles bien rassurantes ? N'est-ce point un faux calme qui pourra, tôt ou tard, si les gens de bien ne veillent, enfanter de nouvelles tempêtes ? Ne sait-on pas les calomnies que profèrent et débitent certains personnages contre la personne de deux augustes princesses, pour affaiblir et détruire insensiblement le respect et l'amour qu'elles inspirent ? N'est-ce, pas en diffamant la vertueuse et infortunée MARIE-ANTOINETTE, que les philosophes ont commencé la révolution ? N'a-t-on pas surpris depuis peu des embaucheurs ? N'a-t-on pas entendu quelques-uns de ces hommes incorrigibles annoncer hardiment que bientôt on verrait changer les affaires ? La police veille sans doute ; ces gens-là, nous en sommes persuadés, n'ont pas les moyens d'exécuter leurs funestes desseins ; la force armée contient les séditieux ; mais ont-il perdu l'espérance ? Ont-ils renoncé à leurs projets criminels ? Et qui vous a dit qu'ils ne se procureront jamais les moyens de les exécuter ? Qui vous a dit qu'ils ne profiteront pas de l'espèce d'ascendant qu'on leur laisse prendre chaque jour ? Nous connaissons leur audace ; c'est assez pour exciter nos craintes, pour réveiller nos alarmes. Ignorez-vous quel langage tiennent les ennemis des BOURBONS ? Nous savons, nous, comment ils cherchent à imputer au père du peuple les calamités qui pèsent sur nous, et lesquelles ne sont peut-être que le résultat de leurs perfides combinaisons. Tenez-vous en garde, gens de bien ; pendant que vous sommeillez, les méchans veillent ; le crime ne dort jamais.

A entendre certains personnages, les philosophes, les révolutionnaires, les bonapartistes, les sectateurs d'idées libérales, les jacobins, sont devenus aujourd'hui des citoyens zélés pour la patrie, des amis sincères de la légitimité, des sujets fidèles, dévoués au Monarque et à sa famille. Ce changement merveilleux s'est opéré tout-à-coup. Le Roi, l'État et les BOURBONS n'ont plus à craindre que l'excès du zèle de quelques hommes aveuglés au point de ne pas croire à ce miracle, et qui, dans leur incrédulité rebelle, sonnent de fausses alarmes, et méritent d'être sévèrement réprimés. Étrange métamorphose ! Des philosophes amis de la monarchie fondée sur la religion ! Des révolutionnaires dévoués au prince et à la patrie ! Des bonapartistes, des fédérés, serviteurs fidèles et attachés au Monarque et à la famille des BOURBONS!!!!... En vérité, c'est bien peu connaître ces gens-là. J'aimerais autant qu'on me dît que le loup est devenu agneau, et le tigre, brebis. Il est vrai que, depuis que l'on favorise cette espèce d'hommes, en les appelant aux emplois, aux honneurs, aux récompenses, ils se couvrent du masque de l'hypocrisie et de la dissimulation ; mais laissez-les faire, et, lorsqu'ils en trouveront l'occasion, vous les verrez lever le voile, et se montrer dignes apôtres des doctrines subversives qu'ils professent. Qu'on ne s'y trompe pas ; l'expérience du passé serait-elle perdue pour nous ? Au reste, ces zélés citoyens ont une belle occasion de me donner un démenti formel. Dans un moment où l'énormité effrayante de la dette de l'État et de nos dépenses nécessite de nouvelles taxes qui vont peser sur le pauvre, de nouvelles charges qui vont écraser le peuple sous le poids des impôts, qu'ils se lèvent ces hommes dévoués au bien public, ces riches de la révolution, qu'ils se lèvent ! Qu'ils répondent à l'appel que la patrie aurait le droit de leur faire, et que depuis long-temps leur aurait fait leur conscience, si jamais ils eussent eu la moindre notion de vertu! Qu'ils sacrifient aux besoins pressans de l'État, une partie de leur fortune colossale; de cette fortune acquise, nous savons trop comment! et nous croirons alors à leur dévoûment patriotique, et ils pourront du moins jouir du reste avec un peu plus d'honneur; et nous serons forcés de convenir qu'ils aiment la monarchie; et nous leur rendrons justice. Puissans révolutionnaires, je vous ai défiés; répondrez-vous à cette provocation? Je n'en crois rien.

On ne cesse de répéter qu'il ne faut pas réveiller les haines; qu'il faut éteindre tout esprit de parti; que, pour être forts, il faut être unis; que nous sommes tous les enfans d'un même père. Eh! disons-nous autre chose? Sans doute, il faut être unis; nous sommes tous frères, enfans de la même patrie. Tous les amis de l'ordre et de la monarchie ont senti la nécessité d'une union intime, fondée sur la religion, qui seule peut inspirer aux hommes cette charité mutuelle et compatissante, sans laquelle il ne peut y avoir d'accord ni d'union; mais, parmi ces frères, combien de Caïn qui portent sur leur front la marque ineffaçable de l'infamie ! Combien de faux frères, contre lesquels il faut être en garde ! Raisonneurs politiques, vous ne cessez de prêcher la concorde ; très-bien ; j'approuve votre zèle ; mais, qu'entendez-vous par cette union ? Prétendez-vous que les philosophes, les impies, les révolutionnaires, les jacobins, les bonapartistes, les libéraux s'unissent franchement aux gens de bien, aux hommes religieux, aux amis des mœurs et de la monarchie, pour concourir au bien public ? Vous prêchez en vain ; ils n'en feront rien. Et d'ailleurs serait-il prudent de se fier aveuglément à des gens à qui la dissimulation est si familière ? A des hommes qui, dans l'espace de quelques mois, ont été tour-à-tour, napoléonistes ardens, royalistes soumis, républicains furibonds, et enfin bourbonistes zélés ? Qui ont prêté trois ou quatre sermens qu'ils ont trahis sans pudeur les uns après les autres ??? Voulez-vous au contraire que les gens de bien s'unissent à ces mêmes hommes ? Cela est impossible ; absolument impossible. Voit-on la colombe s'allier avec le vautour ? les agneaux avec les loups ? les hôtes innocens des fôrets, avec les tigres et les crocodiles ?... Sans doute l'union fait la force des empires ; mais c'est l'union des hommes vertueux ; ils doivent serrer étroitement les nœuds de cette intimité, de cet accord qui doit régner entr'eux, et que la vertu rend indissolubles ; mais, avec les athées, les impies, les philosophes, les apôtres de l'immoralité et des doctrines libérales, point de pacte, point d'union. Encore une fois, ils doivent être parmi nous, comme un peuple étranger; comme cette nation déïcide qui erre dans l'univers, sans patrie et sans chef.

De petits impies, de misérables partisans de l'usurpateur, disaient, il y a quelque temps à un honnête homme : « Le Roi s'est enfin » jeté dans notre parti, et il a bien fait ; il a » connu ses vrais intérêts ; nous pouvons seuls » le maintenir sur le trône ; s'il eût agi diffé- » remment, il aurait toujours chancelé, jus- » qu'à ce qu'enfin il eût succombé. Tant qu'il » ménagera nos intérêts, il aura en nous un » puissant appui ; s'il suit une autre marche, » nous embrasserons la république. » Pauvres royalistes ! cessez donc de vanter vos services et votre attachement ; vous n'avez rien fait pour le roi. Héros de la Vendée ! illustres compagnons de CONDÉ et d'ENGHIEN ! braves habitans du Midi ! non, vous n'avez rien fait pour la Monarchie, vous n'avez rien fait pour le Roi ; jamais vous n'auriez pu le soutenir sur le trône de ses pères ; il n'y avait que les révolutionnaires, les philosophes, les bonapartistes, les jacobins et toute leur clique infernale, qui fussent capables de ce dévoûment admirable, de cet effort sublime ; et vous êtes étonnés après cela, qu'on récompense de pareils gens ! En vérité vous n'y songez pas.

Le Monarque, dites-vous, s'est jeté dans votre parti !!! Insensés ! Le père des Français connaît-il de parti ? Non, non, il ne se jetera point dans votre parti, tant que vous continuerez d'en former un ; et si jamais quelque conseiller perfide cherchait à l'engager à une démarche aussi inconsidérée, l'ombre sanglante de son auguste Frère paraîtrait devant lui : « Arrête, lui dirait-elle, tu sais comment » les constitutionnels payèrent la confiance » avec laquelle je me jetai imprudemment » dans leur bras : le même sort t'attend, » arrête !!! »

Il est fâcheux pour ces prétendus arcs-boutans du trône de Saint Louis qu'on n'ait pas cherché parmi eux ces guerriers qui sont en ce moment l'appui de la Monarchie, la sauve-garde de la tranquillité publique, et le *palladium* de la patrie. C'est un incident qui les désappointe singulièrement. Ils auraient su, mieux que les grenadiers de *Laroche-Jacquelin*, les soldats du dixième régiment, les volontaires royaux du duc d'ANGOULÊME, les anciens et loyaux militaires qui forment aujourd'hui cette garde aussi fidèle que brave; ils auraient su, dis-je, mieux défendre le Monarque et l'État. Quel dommage! le ministre de la guerre a montré sur ce point une impardonnable incapacité. Si les rangs de la garde royale, de nos légions, de nos régimens, étaient remplis des champions du jacobinisme, des satellites des l'usurpateur, des fédérés de 1815, de ces levées de furieux qui ne parlaient que d'égorger les nobles et les prêtres, combien la famille auguste des BOURBONS serait plus en sûreté! Combien la France aurait de plus intrépides défenseurs!!! En vérité, quel dommage! rassurez-vous, gens de bien; ici le génie du mal a échoué. Nos guerriers ne connaissent d'autre dévise que celle de nos anciens preux: *Dieu, le Roi, la Patrie et l'honneur*. Ce n'est pas qu'on n'ait bien essayé de les corrompre, de les suborner; mais les embaucheurs n'ont trouvé par tout qu'une foi à l'épreuve de toutes tentatives criminelles, et plus d'un a reçu de la part de ces militaires, qui n'entendent pas raillerie, un accueil qui doit les rendre désormais et plus prudens et plus réservés.

Les apôtres des doctrines libérales ne cessent de répéter avec emphase ces paroles, sorties de la bouche du Monarque : « *à côté* » *de l'avantage d'améliorer, est le danger* » *d'innover.* » Ils en font leur grand cheval de bataille, et voici comment ils raisonnent. Il est dangereux d'innover en voulant améliorer ; or c'est innover que de sortir le pouvoir d'entre les mains de ceux qui l'ont gardé pendant tant d'années ; d'abord sous la convention et *Roberspierre* ; ensuite, sous le directoire ; puis, sous le consulat ; après, sous *Bonaparte* empereur ; sous la monarchie restaurée ; sous le règne des cent jours, et même encore sous LOUIS XVIII. C'est innover que de substituer aux jacobins, aux révolutionnaires, aux bonapartistes, aux libéraux, aux philosophes, tous grands économistes, politiques habiles, administrateus expérimentés, hommes d'état pleins de talens, de misérables royalistes, francs et loyaux à la vérité, gens de bien et d'honneur, mais attachés aux vieilles maximes, aux vieux préjugés, incapables, simples, dévots et ignorans. C'est innover que de vouloir ramener à la religion et aux mœurs de ses aïeux une nation éclairée des lumières de la raison et de la philosophie moderne. C'est innover que de chercher à redonner au clergé la considération et l'aisance que les révolutionnaires lui ont ôtées avec raison, parce qu'il en abusait, et qu'on doit bien se garder de lui rendre, parce qu'il en abuserait encore. C'est innover que de confier l'instruction publique à des hommes purs et sans tache, capables de former de grands hommes, en éliminant tous ces philosophes profonds, tous ces athées érudits, tous ces individus sans mœurs et sans religion. C'est innover que de prendre des moyens pour empêcher les ennemis de la monarchie, de la foi, de la patrie, de former des complots, des trames et des conspirations. Il faut bien se garder de toucher à l'arche sacrée de la révovolution et de la philosophie; tout serait perdu. Les peuples sont trop éclairés pour revenir aujourd'hui, sans dangers, aux vains préjugés d'une religion prêchée par des imposteurs; pour soumettre leur raison aux lois de l'évangile; pour adopter les mœurs simples, franches, polies, chevaleresques, loyales et enjouées de nos bons pères qui étaient bien sots, puisqu'ils croyaient en Dieu, et qu'ils n'avaient pas su se mettre en révolution, rédiger le code des droits de l'homme, et déclarer la guerre aux superstitions de l'ignorance. Donc point d'innovations; c'est la volonté du prince, le désir de la nation, et l'interêt de l'État: point d'innovations.

D'accord, Messieurs, d'accord: point d'innovations; nous n'en voulons pas plus que vous, nous, pauvres royalistes, gens ineptes et sans talens; mais permettez-nous, s'il vous plaît, de rétorquer votre argument, en raisonnant sur le même principe d'une manière un peu différente.

Les innovations sont dangereuses, très-dangereuses; et certes vingt-cinq ans de calamités, de troubles et de crimes nous l'ont trop bien prouvé. C'est parce qu'on a voulu innover, que le trône de S.t Louis a été sur le point d'être brisé pour toujours. C'est parce qu'on a voulu innover, que le Dieu de nos ancêtres n'eut plus parmi nous, de temples, d'autels ni de ministres. C'est parce qu'on a voulu innover, que nous avons vu des hommes, sortis de la fange, étendre le ravage et le crime sur notre patrie désolée, et s'enrichir des dépouilles sanglantes des illustres et nombreuses victimes qu'ils immolaient à leur avide et brutale fureur. C'est parce qu'on a voulu innover, que nous avons vu ces monstres, couverts de forfaits de sang et de rapines, gouverner en tyrans un peuple égaré par l'erreur et le mensonge. C'est parce qu'on a voulu innover, que, malgré les constitutions, les lois sur la liberté, et le code des droits de l'homme, nous avons été tour-à-tour asservis par les féroces et dégoûtans sans-culottes, et par les satellites superbes du despotime et de la tyrannie. C'est parce qu'on a voulu innover, que nous avons perdu toutes les vertus qui faisaient le bonheur et la gloire de nos pères, et que nous avons contracté tous les vices qu'enfantent la licence, le trouble, le désordre, et l'impiété. Donc point d'innovations. Rejetons tout ce qu'ont innové, pour le malheur de la France, ces impudens novateurs, fléaux de l'humanité. Faisons promptement disparaître ces monstrueuses conceptions de la philosophie et du jacobinisme. Proscrivons les doctrines révolutionnaires. Voilà, voilà les innovations dangereuses qu'il faut anéantir.

Mais, je vous le demande, est-ce innover, que de relever l'édifice ruiné de la Monarchie? Est-ce innover, que de rétablir de sages

institutions

institutions qui, pendant plusieurs siècles ont fait la gloire et la félicité de nos pères ? Est-ce innover, que d'effacer ces vestiges honteux qui rappellent au souvenir des gens de bien l'idée affligeante de toutes sortes d'excès, de crimes et de désordres ? Est-ce innover, que de prendre des mesures fermes et vigoureuses pour tenir dans l'ordre et le repos les révolutionnaires, les impies, les bonapartistes, les fédérés, et tous ces hommes turbulens et incorrigibles, restes impurs de vingt-cinq ans de troubles ! Est-ce innover, que de vouloir que ce sage et vertueux Monarque, qui deux fois a sauvé la France, ne soit environné que de sujets vertueux, de serviteurs fidèles dévoués aux BOURBONS, de sincères amis de la religion et de la Monarchie ? Est-ce innover enfin, que d'anéantir toutes les désastreuses innovations de la philosophie, de la licence et du despotisme ???... Hypocrites ! les honnêtes gens ne sont pas dupes de vos sophismes ; ils vous connaissent ; vous ne les tromperez pas. Dites-nous, tant qu'il vous plaira, qu'il ne faut pas faire retrograder l'esprit humain ; qu'il faut profiter des lumières du siècle ; qu'il ne faut pas laisser perdre le fruit de vingt-cinq ans de révolution ; qu'il est dangereux de revenir aux vieux et sages principes qui guidaient nos ancêtres ; à la bonne heure, nous y consentons ; vous ne pouvez, d'après votre conduite et vos sentimens, tenir d'autre langage ; mais quand, à la face de l'Europe, vous viendrez nous assurer effrontément que vous êtes les amis du Roi, les défenseurs des BOURBONS, les protecteurs de la religion, les appuis de la Monarchie ; quand vous nous direz avec audace que vous, gens modérés et raisonnables, vous êtes les seuls bons Français, et que ceux qui osent démasquer votre hypocrisie, ou qui signalent votre conduite et vos actions profondément calculées sur vos principes antimonarchiques, ne sont que des *ultra*, des factieux, des rebelles, les gens de bien n'en croiront rien ; non, rien du tout ; et nous publierons votre impudence, modernes *Catilina* ; et, moins éloquent que *Cicéron*, mais aussi zélé pour le trône et la famille auguste des BOURBONS, qu'il l'était pour la république Romaine, nous dévoilerons votre astucieuse dissimulation ; et, comme lui, vous porterez quelque jour la peine de votre audace criminelle.

Je me résume donc en deux mots, et je dis : L'expérience du passé nous apprend que la philosophie, l'irréligion et l'immoralité sont incompatibles avec la Monarchie, et je crois l'avoir prouvé par des faits connus de tout le monde; si donc on veut affermir le trône, il faut proscrire la philosophie, honorer la religion, régénérer les mœurs; or on pourra parvenir à ce but important, en ne nommant aux emplois que des hommes vertueux; en écartant avec soin les impies et les révolutionnaires; en livrant à l'opprobre l'athéïsme et l'immoralité. Le peuple deviendra religieux, je le répète, quand il n'aura pour le gouverner, que des hommes sincèrement attachés aux maximes de la religion; quand il aura en eux des modèles de piété; quand il ne recevra de leur part que des exemples de vertus; quand il verra enfin l'immoralité proscrite, méprisée dans ses fauteurs, et la religion honorée dans ses ministres et dans ceux qui la pratiquent; et quand le peuple sera religieux, et quand la France aura des mœurs, et quand les maximes libérales, révolutionnaires et philosophiques seront remplacées par les maximes de l'Évangile, la Monarchie n'aura plus rien à craindre; le trône sera inébranlable; on verra renaître ces temps fortunés qui ont rendu notre patrie heureuse et florissante ; on jouira d'un repos assuré ; et la France pourra devenir encore, pour les nations étrangères, un objet d'admiration et d'envie.

Gens de bien, unissez-vous, pour vous opposer aux invasions alarmantes de la philosophie ; joignez vos efforts à ceux de notre bon roi, et faites triompher, en dépit des apôtres de la révolution, la cause de la religion et de la Monarchie.

FIN.

POST-SCRIPTUM.

PENDANT que cet opuscule était sous-presse, des bruits sinitres sont venus tout-à-coup alarmer les gens de bien. On parle de conspiration, de complots, de massacres. Il n'était question de rien moins, dit-on, que de proclamer la république. Est-ce un jeu? Est-ce une réalité? Ces bruits sont-il fondés, ou ne sont-ils que des contes absurdes? L'imagination des honnêtes gens se crée-t-elle à plaisir des fantômes et des chimères? Je laisse aux Magistrats, seuls capables d'être instruits de la vérité, le soin de répondre à ces questions. Si la prétendue conspiration n'est qu'imaginaire, ils doivent désabuser les crédules; si elle est réelle, et qu'elle soit éventée, ils doivent rassurer les timides. Au reste, cette conspiration, vraie ou supposée, pourra peut-être n'être pas inutile à la chose publique; elle servira à confirmer ce que j'ai prouvé dans cet ouvrage, qu'il faut se défier de cette classe d'individus que j'ai désignés, et peut-être sortira-t-on enfin de cette espèce de léthargie presqu'aussi nuisible à un état que les violentes secousses. Quoi qu'il en soit, la force armée prend de sages précautions; la police redouble de surveillance; nous devons être rassurés. Mais enfin tout cela n'annonce pas cette tranquillité dont on se plaît à faire, dans les papiers publics et les rapports ministériels, un tableau si consolant. Oui, oui, gens de bien, amis zélés de la Monarchie et de la religion, serviteurs dévoués aux BOURBONS, oui, nous vous l'avons dit, les méchans s'agitent, rien de si constant; et certes qu'a-t-on fait jusqu'ici pour les en empêcher? Que n'a-t-on pas fait plutôt pour les encourager? Le temps déroulera quelque jour ce que je n'ai fait qu'indiquer. On sait cependant, à ne pas en douter, qu'ils ont un plan formé; ils ont des chefs, des agens, des émissaires, des suborneurs. Un d'eux a eu l'audace de dire à un individu qu'il cherchait à corrompre; *Sois tranquille, tous nos moyens sont concertés et organisés d'une manière sûre et immanquable; que la conspiration soit découverte ou non, peu nous importe; l'affaire marchera tout de même.* Eh bien! avons nous tort, lorsque nous crions aux sentinelles avancées de prendre garde à elles?

devons nous mépriser le danger au point de fermer les yeux sur tout ce qui peut nous alarmer? Cette sécurité insouciante ne pourrait-elle pas nous être fatale? Ralliez-vous gens de bien; veillez, tenez vos glaives levés, et les conspirateurs seront confondus.

Ils ne vous ont donc point trompés ces écrivains courageux, amis de la Monarchie, quand ils vous ont dit que les révolutionnaires conspiraient, et qu'aussi long-temps qu'on suivrait le système inconcevable que l'on semble avoir adopté, le trône aurait tout à craindre de la part de ces hommes turbulens et incorrigibles: non, ils ne vous ont point trompés, et vous devez leur savoir gré du courage qu'ils ont fait paraître, en bravant l'autorité arbitraire de quelques Ministres, et en s'attirant des disgrâces qu'ils n'avaient pas méritées. Que l'on vienne donc nous dire encore que nous aimons à sonner de fausses alarmes; que notre zèle est mal entendu; que nous sommes de mauvais citoyens. Qu'on nous fasse un crime d'appeler l'attention du gouvernement, et de réveiller l'apathie des gens de bien. Que nous importe après tout? nous aurons rempli notre but, si la vérité que nous faisons entendre rettentit assez-loin pour encourager les ames honnêtes, et épouvanter les ennemis de l'ordre. Encore une fois, on ne saurait trop crier aux amis du trône de se tenir sur leurs gardes, et de veiller sur l'édifice ébranlé de la Monarchie sans cesse menacée par tout ce qu'il y a de philosophes, de révolutionnaires et de jacobins. Hélas! Il n'est que trop à craindre que notre voix ne se perde dans les airs; il n'est que trop à craindre que nos avertissemens ne soient méprisés comme ceux de *Cassandre*, et qu'on ne reconnaisse le mal que lorsqu'il ne sera plus temps d'y apporter du remède. Alors du moins nous aurons la douce consolation d'avoir soutenu la cause de la morale et de la religion, et nous aurons aussi le courage de nous joindre aux bons et véritables Français, pour défendre, au péril de nos jours cette Monarchie que nous défendons aujourd'hui dans nos faibles écrits.

De tout temps, on le sait, personne n'a pu dire la vérité sans danger : elle irrite le pouvoir arbitraire; elle choque l'orgueil; elle déplaît aux grands; les méchans la redoutent sur-tout. Eh bien! qu'ils l'entendent, et qu'ils frémissent. Qu'ils sachent que les gens de bien veillent; qu'ils sont prêts à repousser leurs attaques; qu'ils leur opposeront partout une barrière d'airain. Qu'ils sachent que, pendant que d'intrépides orateurs, à la chambre des Pairs, à celle des Députés, combattent glorieusement pour la religion, la morale et la monarchie ; que, pendant que les *Châteaubriant*, les *Lalli-Tolendal*, les *Marcellus*, les *Castel-Bajac*, les *Benoît*, les *Labourdonnaye*, les *Bonald* font entendre leur voix éloquente en faveur des principes qu'on semble méconnaître, qu'ils sachent, dis-je, que la France entière, si nous en exceptons les libéraux, les jacobins et les impies, applaudit aux nobles efforts de ces hommes illustres. Qu'ils sachent que des citoyens plus obscurs, mais non moins zélés, signaleront leurs tentatives, leurs démarches, leurs complots, et que nous ne cesserons de les combattre que lorsqu'ils cesseront eux-mêmes de former des trames criminelles. Qu'ils sachent enfin que les amis du trône et de l'autel sont disposés à périr pour la défense d'une cause que la Providence a fait triompher d'une manière si merveilleuse, d'une cause qu'elle protège et qu'elle fera triompher en dépit de la philosophie, du jacobinisme, de la licence et de l'impiété. Qu'ils sachent que notre sage et pieux Monarque aime à entendre la voix de la verite, et qu'il saura enfin distinguer ses vrais et fidèles serviteurs de ces hypocrites perfides et ambitieux qui cherchent à le tromper. Qu'ils le sachent et qu'ils tremblent !

ERRATA.

Dans quelques exemplaires il s'est glissé les fautes ci-après indiquées.

Page	ligne		*lisez :*
Page 8,	ligne 22,	autrementrent,	autrement.
10,	2,	disposées,	disposée.
21,	24,	succdéer,	succéder.
29,	8,	stupidité,	cupidité.
37,	11,	les braves,	ces braves.
40,	16,	furibons,	furibonds.
45,	22,	chémérique,	chimérique.
59,	10,	rendu,	rendus.

www.ingramcontent.com/pod-product-compliance
Ingram Content Group UK Ltd.
Pitfield, Milton Keynes, MK11 3LW, UK
UKHW020324250726
13967UKWH00004B/1854

9 782012 485679